2012 深圳卷（含深圳 福州 昆明 长沙）

中原地产红皮书

CENTALINE PROPERTY REDBOOK

中原集团研究中心 著
深圳中原市场研究部
福州中原资源中心市场研究部
湖南中原策略研究中心
昆明中原资源中心市场研究部

中国建筑工业出版社

内容提要

本书以第一手的数据资料及调研资料，生动全面地分析介绍了2011年全年和2012年上半年深圳、福州、长沙、昆明市房地产市场的整体概况，以及政策环境、行业格局、土地市场、住宅市场、写字楼和商铺市场等各个细分市场的发展与变化。此外，本书对在此期间这些城市的多个热点专题进行深入解读，内容包括“片区规划成就未来 龙华升值潜力巨大”，“特区扩容原特区外办公市场起航”，“逆市营销 迎变而上”；“福州大东区发展提速　一轮旭日自东升”，“星城地产新时代 城市综合体备受青睐”，“厚积薄发助片区价值提升 驱动筑巢引品牌房企进驻”，并对2012年第四季度以及2013年深圳、福州、长沙、昆明市的房地产发展进行了预测。本书可对房地产专业人员分析和研究市场环境与发展起到借鉴作用，对普通大众的投资置业行为也具有很强的指导意义

序

差异化政策持续 市场趋于平稳

秋天，是一个收获的季节，我们也迎来了《中原地产红皮书 2012》的正式出版，借此序祝贺红皮书出版 7 周年。7 年以来，中原地产红皮书系列持续对深圳、上海、北京、香港等全国十几个城市的房地产市场，从行业基本面、政策、数据等多个角度进行分析和总结。这些信息对广大开发商、购房者、研究人员等都具有极大的参考价值，相信今年的红皮书将会帮助更多的人了解中国房地产市场。

伴随着中国的城市化进程，居民人均收入水平不断提高，在投资渠道匮乏的市场环境下，大量资金流向房地产市场，导致近年来房价持续上涨。2008 年底出台的 4 万亿投资引发的需求使处于上升期的中国房价继续飙升，引来了政府 2010 年以来持续的严厉调控。一方面，限购、限贷等政策使市场需求被长期压制，客户持续观望，成交低迷。2011 年“金九银十”不复存在，整个下半年，房地产市场陷入 2008 年以来从未有过的冰冻期。2012 年 1 月深圳全市一、二手住宅总成交面积仅 21.45 万 m^2，2 月成交仅 30.14 万 m^2。另一方面，开发商库存积累多，资金面临强大压力，虽有降价促销出货，但幅度有限。全国新开工面积由增速回落到呈现负增长，整个房地产产业链从钢铁、水泥到房地产中介代理等行业均受到严重影响。伴随着欧美债务危机的持续恶化，中国经济持续低迷，调控政策面临挑战。2012 年 2 月 18 日，央行首次下调存款准备金率，3 个月内再次下调，银行针对刚性需求的首套房贷利率放松，及后来一个月内的两次降息等货币宽松政策，使长期被压制的市场需求逐步释放，深圳房地产市场迎来了久违的 3 月“小阳春”，红五月，接下来的 6、7 月市场成交量均维持在历史正常水平，价格基本保持平稳。

展望后市，支持刚性需求而抑制投资需求的差异化政策还会不断出台以适应市场的变化，类似房产税等长期政策将会逐步替代限购等短期政策。在政策的打压下，市场需求不会被消减，更多的只是被暂时抑制，供给也会由于市场的低迷而减少，保障房供应的增加替代不了商品房，满足不了市场的投资需求，市场供求问题被继续延后。未来房地产市场或将维持平稳，受政策的影响或有波动，刚需客户应按个人财政状况决定是否置业。深圳中原作为房地产中介行业的领先者，未来将从人、盘、客三方面加强管理，力争使中原的业务员都成为深圳的“楼盘专家”，为客户提供规范、高水平的业务服务，同时加强互联网建设，树立中原互联网信息的权威形象，进一步抢滩市场。

中原地产代理（深圳）有限公司总经理

2012 年 9 月

目录

城市

第 1 章 调控持续 深圳楼市先抑后扬

1.1 市场走势：住宅先抑后扬 商业写字楼冷热分化……2

1.2 政策导向：调控总基调未变 货币政策预调微调……4

1.3 区域格局：城市更新 区域分化……6

第 2 章 开发商以价换量 深圳中介生死轮换

2.1 以价换量 应对市场……9

2.2 减员关铺 保存实力……10

第 3 章 深圳居住用地少 房企谨慎拿地

3.1 龙岗土地成交多 居住用地紧缺……11

3.2 楼市低迷 房企谨慎拿地……11

第 4 章 金融政策逆转预期 深圳一手房市场起死回生

4.1 全市供应处低位 龙岗宝安占主导……13

4.2 市场预期改变 成交重回正常水平……14

4.3 楼市调控效应显现 新房价格下跌……16

4.4 供应量增多 成交继续稳中有升……17

第 5 章 调控政策不断加码 深圳二手住宅浴火重生

5.1 “7.11”后楼市风雨飘摇……18

5.2 业主惜售 买方观望……18

5.3 政策微调 由冬眠到复苏……18

5.4 限令抑投资 刚需渐入市……22

5.5 租售交易互补 租金先抑后扬……23

5.6 调控难转向 微调利刚需……24

第 6 章 调控深化 深圳商业市场步入谨慎发展轨道

6.1 商业批售受累于住宅市场……25

6.2 调控令商业成交出现分化……26

6.3 价格上涨动力不足……27

6.4 商业市场步入谨慎发展轨道……28

第 7 章 政效扩散 深圳写字楼步入下行通道

7.1 概述……29

7.2 供应持续攀升 库存压力增大……29

7.3 量价齐跌 险象环生……32

7.4 供应不断 前景光明……34

第 8 章 福州市：土地供需持续低迷 住宅回暖后市看好

8.1 土地市场：供需持续低迷 回暖仍待时机……36

8.2 住宅市场：微调预期增强 供应放缓需求回暖……40

第 9 章 长沙市：“U”型向上 冲破阴霾迎转机

9.1 土地市场：供求企稳回升 热点区域备受关注……43

9.2 新房市场：成交触底回升 后市价格有望维稳……45

第 10 章 昆明市：土地充沛楼市兴旺 规划利好潜力无限

10.1 城市规划利好 经济快速发展……48

10.2 “同心圆”规划 近郊快速发展……54

10.3 布局正值时机 力争创收佳绩……57

楼事

第 11 章 片区规划成就未来 深圳龙华升值潜力巨大

11.1 龙华新区概况……62

11.2 龙华新区房地产市场情况……63

11.3 龙华新区未来展望……66

第 12 章 特区扩容，“原特区外”办公市场起航

12.1 原特区外产业结构优化 助推办公市场起航……68

12.2 全市供求区域结构转变 原特区外办公市场崭露头角……68

12.3 城市地位提升 轨道交通助力……71

12.4 规划定位明确 办公市场大有可为……72

第 13 章 逆市营销 迎变而上

13.1 概述……73

13.2 调控延续 市场陷观望……73

13.3 楼市深陷僵局 开发商“以价换量”……75

13.4 市场复苏 营销纷呈……79

13.5 总结……80

第 14 章 福州大东区发展提速 一轮旭日自东升
14.1 福州发展一路向东 大东区走红……81
14.2 整体布局 配套先行 大东区迎来大开发……83
14.3 大东区前景不俗 旭日东升已可期……85
第 15 章 星城地产新时代 城市综合体备受青睐
15.1 新兴业态引领潮流 外来开发商竞相分羹……86
15.2 资源优势提升价值 价格策略加速去化……89
15.3 城市版图规划扩容 多中心扩张助力综合体发展……90
第 16 章 厚积薄发助片区价值提升 驱动筑巢引品牌房企进驻
16.1 百花齐放各具特色 规划前景潜力无限……93
16.2 深耕昆明市取之有道 品牌合作实现共赢……98

数据

第 17 章 深圳地产数据
17.1 房地产投资环境……104
17.2 土地市场……105
17.3 住宅市场……108
17.4 写字楼商业市场……113
第 18 章 福州地产数据
18.1 房地产投资环境……119
18.2 土地市场……121
18.3 住宅市场……124
18.4 写字楼商业市场……127
第 19 章 长沙地产数据
19.1 房地产投资环境……131
19.2 土地市场……132
19.3 住宅市场……136
第 20 章 昆明地产数据
20.1 房地产投资环境……140
20.2 土地市场……141
20.3 住宅市场……144

公司

中原地产代理（深圳）有限公司……152

中原（湖南）房地产代理有限公司……160

中原地产代理（深圳）有限公司福建分公司……166

昆明中原房地产经纪有限公司……176

附录
图表目录

插图目录

图 1-1 深圳市商品住宅月度成交情况（2011 年 1 月—2012 年 7 月）………………………………………3

图 1-2 深圳市商用物业月度成交情况（2011 年 1 月—2012 年 7 月）………………………………………4

图 4-1 深圳市历年一手住宅新增供应情况（2001—2012 年上半年）………………………………13

图 4-2 深圳市历年各行政区一手住宅供应情况（2008—2012 年上半年）……………………………14

图 4-3 深圳市历年一手住宅成交情况（2001—2012 年上半年）………………………………………14

图 4-4 深圳市历年各月一手住宅成交情况（2010—2012 年上半年）…………………………………15

图 4-3 深圳市历年一手住宅成交情况（2001 年—2012 年上半年）……………………………………15

图 4-6 深圳市历年一手住宅成交均价情况（2002—2012 年上半年）…………………………………16

图 4-7 深圳市历年各月一手住宅成交均价走势（2008—2012 年上半年）……………………………16

图 5-1 深圳市历年二手住宅成交量走势（2008—2012 年）……………………………………………19

图 5-2 深圳市二手住宅每月成交量走势(2011—2012 年)…………………………………………………20

图 5-3 深圳市二手住宅历年成交均价走势图（2004—2012 上半年）…………………………………21

图 5-4 CLI 深圳二手住宅价格指数月度走势（2009—2012 年 6 月）…………………………………21

图 5-5 深圳市二手住宅成交总价和单价分布（2011—2012 年）………………………………………22

图 5-6 深圳市二手住宅成交客户户籍分布（2011—2012 上半年）……………………………………22

图 5-7 深圳市二手住宅客户置业目的占比情况（2011—2012 上半年）………………………………23

图 5-8 深圳市二手住宅每月买卖租赁成交套数占比情况（2011—2012 上半年）……………………23

图 5-9 深圳市租赁成交各月租金走势图（2011—2012 年）……………………………………………24

图 6-1 深圳市历年商业物业批准预售面积（2001—2012 上半年）……………………………………25

图 6-2 深圳市各月商业物业批准预售面积（2010—2012 上半年）……………………………………26

图 6-3 深圳市一手商业年度成交面积走势（2001—2012 上半年）……………………………………26

图 6-4 深圳市一手商业月度成交面积走势（2010—2012 上半年）……………………………………27

图 6-5 深圳市二手商业月度成交面积走势（2011—2012 上半年）……………………………………27

图 6-6 深圳市一手商业成交价格走势（2011—2012 上半年）…………………………………………28

图 7-1 深圳市写字楼供应情况（2011—2012 年）………………………………………………………30

图 7-2 深圳市写字楼供应地域分布（2011—2012 年上半年）…………………………………………30

图 7-3 深圳市新增供应写字楼分布示意图…………………………………………………………………31

图 7-4 深圳市写字楼物业供应类型分布（2011—2012 年上半年）……………………………………32

图 7-5 深圳市一手写字楼季度成交量走势图（2010—2012 年上半年）……33
图 7-6 深圳市写字楼成交价格走势图（2010--2012 年）……34
图 7-7 深圳市写字楼潜在供应项目分布示意图（2012 下半年）……35
图 8-1 福州市 5 区经营性用地供应情况（2011 年 1 月—2012 年 6 月）……36
图 8-2 福州市经营性用地供应情况对比（2010—2012 年上半年）……37
图 8-3 福州市经营性用地成交情况对比（2010—2012 年上半年）……38
图 8-4 福州市经营性用地供求走势（2011 年 1 月—2012 年 6 月）……38
图 8-5 福州市土地市场底价成交占比走势（2010—2012 年上半年）……39
图 8-6 福州市商品住宅供求情况（2011 年 1 月—2012 年 6 月）……40
图 8-7 福州市商品住宅成交结构 （2012 年上半年）……41
图 8-8 福州市商品住宅成交结构变化趋势（2012 年 1—6 月）……41
图 8-9 福州市商品住宅成交量及均价走势（2011 年 1 月—2012 年 6 月）……42
图 8-10 福州市 5 区商品住宅供求情况（2011—2012 年上半年）……42
图 9-1 “梅溪湖片区”、“洋湖垸片区”及“滨江新城片区”位置……44
图 9-2 长沙市 6 区新建商品住宅供销走势 (2010 年 1 月—2012 年 7 月)……45
图 9-3 长沙市 6 区新建商品住宅供应趋势 (2010 年 1 月—2012 年 7 月)……46
图 10-1 昆明市行政规划……49
图 10-2 昆明市总体用地规划图 (2008—2020 年)……50
图 10-3 昆明市城市规划区用地“核心—网络、两轴、两带” 布局结构（2008—2020 年）……50
图 10-4 现代新昆明战略规划图 (2008—2020 年)……51
图 10-5 昆明市历年 GDP 总量走势 (2008—2011 年)……52
图 10-6 昆明市历年 GDP 总量构成 (2007—2011 年)……52
图 10-7 昆明市历年消费品零售总额 (2007—2011 年)……53
图 10-8 昆明市居民生活水平 (2007—2011 年)……53
图 10-9 昆明市历年房地产开发投资情况 (2007—2011 年)……53
图 10-10 昆明市各片区划分……54
图 10-11 昆明市近郊划分……55
图 10-12 昆明市历年土地供应情况（2008—2012 年上半年）……55
图 10-13 昆明市主城区土地供应情况……56
图 10-14 昆明市历年商品房供求情况（2008—2012 年上半年）……56
图 10-15 昆明市历年商品房价格走势 (2007—2011 年)……57
图 11-1 龙华新区历年商品住宅供求情况（2007—2012 年）……64
图 11-2 龙华新区新房市场成交情况（2011 年 1 月—2012 年 6 月）……65
图 11-3 龙华新区二手房成交均价情况（2011 年 1 月—2012 年 6 月）……66

图 12-1 深圳市原特区外办公物业供应比例走势图（2009—2012 上半年）…………………………………69
图 12-2 深圳市原特区外办公物业成交比例走势图（2009—2012 上半年）…………………………………69
图 12-3 深圳市一手写字楼年度成交价格走势（2004—2012 上半年）……………………………………70
图 12-4 深圳市各区一手写字楼价格（2012 上半年）…………………………………………………………71
图 11-2 龙华新区新房市场成交情况（2011 年 1 月—2012 年 6 月）………………………………………74
图 14-1 福州市大东区规划范围图 …………………………………………………………………………81
图 14-2 福州市马尾新城效果图 ……………………………………………………………………………82
图 14-3 东江滨及东部新城范围图……………………………………………………………………………82
图 14-4 福州市 5 区土地供应及成交情况（2010 年 1 月—2012 年 6 月）…………………………………83
图 15-1 长沙市开福万达广场…………………………………………………………………………………87
图 15-2 长沙市综合体项目分布图（2012 年 6 月）…………………………………………………………88
图 15-3 长沙市综合体开发商来源城市（2012 年 6 月）……………………………………………………89
图 15-4 长沙市城市发展规划（2012 年 6 月）………………………………………………………………90
图 15-5 梅溪湖规划效果图……………………………………………………………………………………92
图 16-1 昆明市各区域分布图…………………………………………………………………………………93
图 16-2 昆明市东市区区域图…………………………………………………………………………………94
图 16-3 昆明市南市区区域图…………………………………………………………………………………95
图 16-4 昆明市西市区区域图…………………………………………………………………………………95
图 16-5 昆明市北市区区域图…………………………………………………………………………………96
图 16-6 昆明市中心区域图……………………………………………………………………………………96
图 16-7 昆明市呈贡区域图……………………………………………………………………………………97
图 16-8 昆明市空港区域图……………………………………………………………………………………98
图 16-9 昆明市阳宗海区域图…………………………………………………………………………………99
图 17-1 深圳市可建面积前 10 名的房企入驻分布图（2011—2012 年上半年）……………………………106
图 17-2 深圳市 10 大热点地块（2011—2012 年上半年）……………………………………………………107
图 17-3 深圳市各区居住用地量价分布图（2011—2012 年上半年）………………………………………108
图 17-4 深圳市公寓售价前 10 名楼盘分布图（2011—2012 年上半年）……………………………………109
图 17-5 深圳市别墅售价前 5 名楼盘分布图（2011—2012 年上半年）……………………………………110
图 17-6 深圳市新建住宅销售面积前 10 名楼盘分布图（2011 年）…………………………………………110
图 17-7 深圳市新建住宅销售面积前 10 名楼盘分布图（2012 年上半年）…………………………………111
图 17-8 深圳市新建住宅 10 大热点楼盘分布图（2011—2012 年上半年）…………………………………112
图 17-9 深圳市二手住宅价格涨幅前 10 名楼盘分布图（2011—2012 年上半年）…………………………112
图 17-10 深圳市二手住宅租金涨幅前 10 名楼盘分布图（2011—2012 年上半年）…………………………112
图 17-11 深圳市二手住宅租金回报率前 10 名楼盘分布图（2011—2012 年上半年）………………………113

图 17-12 深圳市租金前 10 名的租赁型写字楼分布图(2011—2012 年上半年)……113
图 17-13 深圳市售价前 10 名的销售型写字楼分布图(2011—2012 年上半年)……114
图 17-14 深圳市销售面积前 10 名的销售型写字楼分布图(2011—2012 年上半年)……115
图 17-15 深圳市 10 大新增供应面积租赁型商业项目分布图(2011—2012 年上半年)……117
图 18-1 福州市可建面积前十名的房企入驻分布图(2011—2012 年上半年)……121
图 18-2 福州市 8 大热点地块(2011—2012 年上半年)……122
图 18-3 福州市各区居住用地量价分布图(2011 年)……123
图 18-4 福州市各区居住用地量价分布图(2012 年上半年)……123
图 18-5 福州市公寓售价前 10 名楼盘分布图 (2011—2012 年上半年)……125
图 18-6 福州市别墅售价前 5 名楼盘分布图(2011—2012 年上半年)……125
图 18-7 福州市新建住宅可售面积前 10 名楼盘分布图 (2011 年—2012 上半年)……126
图 18-8 福州市新建住宅 10 大热点楼盘分布图 (2011—2012 年上半年)……126
图 18-9 福州市租赁型写字楼分布图(2011—2012 年上半年)……127
图 18-10 福州市售价前 10 名的销售型写字楼分布图(2011—2012 年上半年)……127
图 18-11 福州市新增供应面积租赁型商业项目分布图 (2011—2012 年上半年)……129
图 18-12 福州市新增供应面积销售型商业项目分布图 (2011—2012 年上半年)……129
图 19-1 长沙市可建面积前 10 名的房企入驻分布图 (2011—2012 年上半年)……133
图 19-2 长沙市 10 大热点地块 (2011—2012 年上半年)……134
图 19-3 长沙市居住用地量价分布图(2011 年)……135
图 19-4 长沙市居住用地量价分布图(2012 年上半年)……135
图 19-5 长沙市公寓售价前 10 名楼盘分布图 (2011—2012 年上半年)……137
图 19-6 长沙市别墅售价前 5 名楼盘分布图(2011—2012 年上半年)……138
图 19-7 长沙市新建住宅销售面积前 10 名楼盘分布图 (2011 年)……138
图 19-8 长沙市新建住宅销售面积前 10 名楼盘分布图 (2012 年上半年)……139
图 19-9 长沙市新建住宅 10 大热点楼盘分布图 (2011—2012 年上半年)……139
图 20-1 昆明市可建面积前 10 名的房企入驻分布图 (2011—2012 年上半年)……141
图 20-2 昆明市 9 大热点地块(2011—2012 年上半年)……142
图 20-3 昆明市居住用地量价分布图(2011 年)……143
图 20-4 昆明市居住用地量价分布图(2012 年上半年)……143
图 20-5 昆明市新建住宅售价前 10 名楼盘分布图 (2011 年)……144
图 20-6 昆明市新建住宅售价前 10 名楼盘分布图 (2012 年上半年)……145
图 20-7 昆明市新建住宅销售面积前 10 名楼盘分布图 (2011 年)……145
图 20-8 昆明市新建住宅销售面积前 10 名楼盘分布图 (2012 年上半年)……146
图 20-9 昆明市新建住宅 10 大热点楼盘分布图 (2011—2012 年上半年)……147

表格目录

表 1-1 深圳市将竣工的保障房项目（2012 年 8—12 月）……5

表 1-2 深圳市推出的安居型住房项目（2012 年 5—12 月）……6

表 2-1 深圳市部分项目价格回调情况（2012 年 5—7 月）……9

表 3-1 深圳市成交地块区域分布(2011 年 7 月—2012 年 7 月)……11

表 3-2 深圳市土地流拍情况(2011 年 7 月—2012 年 7 月)……13

表 4-1 深圳市历年各行政区一手住宅成交均价（2010—2012 年上半年）……17

表 5-1 深圳市各行政区二手住宅成交套数表……20

表 7-1 深圳市写字楼买卖成交情况(2011—2012 上半年)……33

表 8-1 福州市出让地块成交情况(2012 年上半年)……39

表 9-1 长沙市 6 区新建商品住宅各类套型供销情况(2012 年上半年)……46

表 9-2 长沙市 6 区新建商品住宅成交均价分布(2012 年上半年)……47

表 11-1 龙华新区新房成交套数排名前 10(2011—2012 年)……65

表 11-2 未来一年龙华新区新房潜在供应情况）……66

表 12-1 深圳市一手写字楼成交面积排名前 10(2011 年)……70

表 12-2 深圳市原特区外未来主要供应写字楼项目（2012—2013 年）……72

表 13-1 深圳市典型项目成交一览（2011 年 9—12 月）……75

表 13-2 深圳市十一期间的价格变化（2011 年）……77

表 13-3 深圳市五一期间部分楼盘优惠情况（2011 年）……78

表 13-4 深圳市转介楼盘一览……80

表 14-1 福州市大东区土地供应情况摘要（2009 年 1 月—2012 年 6 月）……84

表 14-2 福州市大东区热点楼盘列表（2012 年 6 月）……85

表 15-1 长沙市部分在售/待售综合体项目(2012 年 6 月)……88

表 15-2 长沙市综合体典型项目定位及客户认同点（2012 年 6 月）……90

表 15-3 梅溪湖、滨江新城及市内 5 区土地成交信息（2010 年 1 月—2012 年 6 月）……91

表 17-1 深圳市历年房地产市场主要指标表（2011—2012 年上半年）……104

表 17-2 深圳市主要房地产政策一览表（2011—2012 年上半年）……105

表 17-3 深圳市历年土地出让主要指标表(2011—2012 年上半年)……105

表 17-4 深圳市历年商品住宅市场主要指标表(2011—2012 年上半年)……108

表 17-5 深圳市商品住宅供需情况表(2011—2012 年上半年)……108

表 17-6 深圳市写字楼售价季度走势(2011—2012 年上半年)……116

表 17-7 深圳市甲级写字楼市场未来供应项目（2012—2013 年）……116

表 17-8 深圳市商铺售价季度走势(2011—2012 年上半年)……117

表 17-9 深圳市大型集中商业未来供应项目（2012—2013 年）……118
表 18-1 福州市历年房地产市场主要指标表(2011—2012 年上半年)……119
表 18-2 福州市主要房地产政策一览表(2011—2012 年上半年)……120
表 18-3 福州市历年土地出让主要指标表(2011—2012 年上半年)……120
表 18-4 福州市土地规划(2012 年)……120
表 18-5 福州市历年商品住宅市场主要指标表(2011—2012 年上半年)……124
表 18-6 福州市商品住宅供需情况表(2011—2012 年上半年)……124
表 18-7 福州市写字楼售价租金季度走势(2011—2012 年上半年)……128
表 18-8 福州市甲级写字楼市场未来供应项目（2012-2013 年）……128
表 18-9 福州市大型集中商业未来供应项目（2012-2013 年）……130
表 19-1 长沙市历年房地产市场主要指标表(2011—2012 年上半年)……131
表 19-2 长沙市主要房地产政策一览表(2011—2012 年上半年)……132
表 19-3 长沙市历年土地出让主要指标表(2011—2012 年上半年)……132
表 19-4 长沙市土地规划(2011 年)……132
表 19-5 长沙市历年商品住宅市场主要指标表(2011—2012 年上半年)……136
表 19-6 长沙市商品住宅供需情况表(2011—2012 年上半年)……136
表 20-1 昆明市历年房地产市场主要指标表(2011—2012 年上半年)……140
表 20-2 昆明市历年商品住宅市场主要指标表(2011—2012 年上半年)……144
表 20-3 昆明市商品住宅供需情况表(2011—2012 年上半年)……144

城市
Market
深

深圳

调控持续 深圳楼市先抑后扬

开发商以价换量 深圳中介生死轮换

深圳居住用地少 房企谨慎拿地

金融政策逆转预期 深圳一手房市场起死回生

调控政策不断加码 深圳二手住宅浴火重生

调控深化 深圳商业市场步入谨慎发展轨道

政效扩散 深圳写字楼步入下行通道

福州市：土地供需持续低迷 住宅回暖后市看好

长沙市：“U”型向上 冲破阴霾迎转机

昆明市：土地充沛楼市兴旺 规划利好潜力无限

第 1 章 调控持续 深圳楼市先抑后扬

这一轮的楼市调控延续至今，我们不得不承认，中国楼市仍旧是一个政策市。行政政策严厉空前，“三限”政策下，“711”新政使得深圳楼市急转下跌至冰点；由于CPI一路高涨，2011年下半年，货币政策一路收紧。在行政政策与货币政策的双重夹击之下，深圳楼市回天乏力。开发商面临巨大资金压力，置业者纷纷离场，买方市场最终形成，虽然开发商“以价换量”策略逐渐由点到面铺开，但成交量大幅萎缩至历史最低水平，房价大跌。

楼市低迷一直延续到2012年初，虽然行政政策不放松已成为2012年全年调控的总基调，但随着各方博弈不断深化，货币政策首先打破了僵局，降存准、降息、首套房贷利率下调以及公积金放松等的信号，都不断加强了市场乐观的情绪。于是，市场开始逐步复苏，价格也出现回调。至2012年第二季度，全市成交已基本回复到正常水平，至此，楼市已完成筑底，价格也呈现平稳上涨的趋势，市场预期正式转向。进入7月份，开发商已见发力，推盘节奏加快，再加上阶段性被压抑的刚需释放，推动了成交量的上升。而从市场结构看，不管是一手房市场还是二手住宅市场，中高端大户型住宅的成交，都有上升的趋势。

延伸至2013年楼市来看，管理层出现政策反复的可能性很低，新一轮政策可能会适时出台，而此时的楼市也将面临新的价格平台的筑底和夯实。从管理层动向来看，遏制房价上行势在必得，这既是维护本届政府形象的需要，也是楼市长效执行、稳定市场预期的需要。新一轮政策方面，管理层可能会在长效执行“限购”、“限贷”政策的同时加快房产税试点的步伐，可能在现有征收城市范围和征收尺度基础上进一步扩大，如原来仅涉及上海、重庆，可能会扩大至其他价格上涨较快的城市，原来上海的征收适用税率暂定为0.6%，这个比例可能有所提高等。在这种背景下，预计2013年楼市分化的机会将会加大，巨大库存压力下开发企业降价尺度可能会再度调整至两成，二手住宅市场跟进的态度也会相对积极，一个新的价格平台逐渐实现筑底夯实。

1.1 市场走势：住宅先抑后扬 商业写字楼冷热分化

1.1.1 行政打压致冰点 货币政策造生机

中国房地产市场15年的发展历史上，不同程度的调控是中国房地产市场面临的常态格局，而历史经验也证明，行政手段对房地产有最直接有效的调控作用。2010年的市场表现，已经验证了这种行政手段的有效性，而2011年下半年的深圳楼市，更是将行政政策的调控表现得更加淋漓尽致。

图 1-1 深圳市商品住宅月度成交情况（2011 年 1 月—2012 年 7 月）

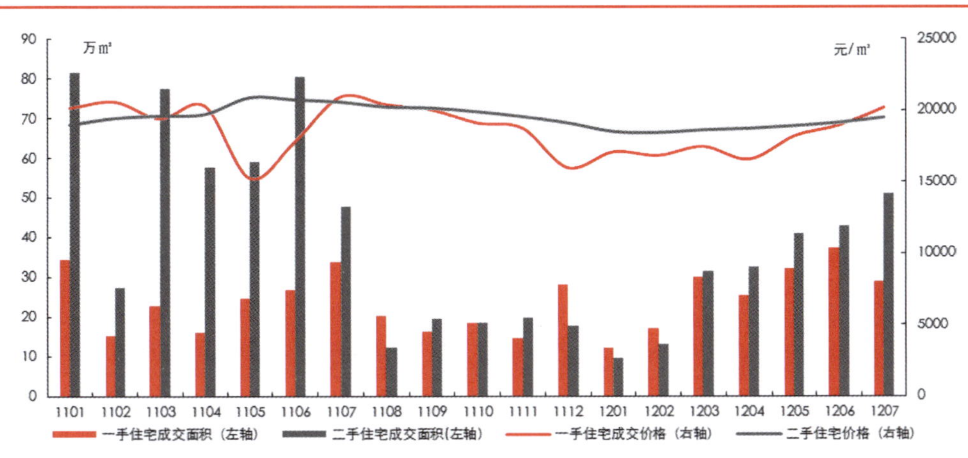

数据来源：深圳市规划和国土资源委员会，深圳中原市场研究部

2011 年 7 月 11 日，二手房按评估价征税正式实施，新政一出台，楼市出现调控以来第一次的 180° 转变，成交直线下滑，2011 年 7 月份二手住宅的成交量环比下降了近一半。而在二手市场下滑的带动下，随后的 8 月份，一手成交也出现直线下滑现象，至 2012 年 1 月，深圳楼市历经了长达 7 个月的低迷期，“金九银十”彻底幻灭，全市成交量跌至历史最低点。政策的叠加效应完全释放。

2011 年不得不说是房地产市场最严厉的一个政策年，而随着 CPI 涨幅回落，国际经济不断下行的压力，外汇占款及流动性的问题逐渐浮上水面。2011 年 11 月，央行 3 年来首次降低存款准备金率，2012 年上半年，央行又宣布了两次降低存准率、两次降息，尽管不是直接针对房地产市场，但在调控的敏感期，这种方式的微调，恰恰给楼市传达了利好信号，这种利好所带来的市场冲击，远远超出了降存准、降息本身所带来的直接利益。

于是，在 2012 年 2 月中旬之后，在央行再次降低存款准备金率的情况下，市场逐渐复苏。3 月份便迎来了本年首次“小阳春”，随后“红五月、红六月”分别精彩上演，楼市真正完成了筑底，并开始走向回暖。所不同的是，这一次的复苏回暖，并不同于 2008 年，大幅反弹的现象并未出现，成交量价的走势都极为平缓。第三季度的第一个月，楼市基本上已经回复到历史成交的正常水平，价格也呈现出比较稳定的态势。

1.1.2 商业、写字楼市场受累 步入谨慎阶段

调控直指的对象，应该是商品住宅市场，而受货币政策等相关因素的影响，商业的入市门槛也变相提高，这让很多投资者望而却步。而“711”新政彻底打击了市场信心，整个楼市进入水深火热之中，商业、写字楼市场都无一幸免，都经历了相当长的一段低迷期。

图 1-2 深圳市商用物业月度成交情况（2011 年 1 月—2012 年 7 月）

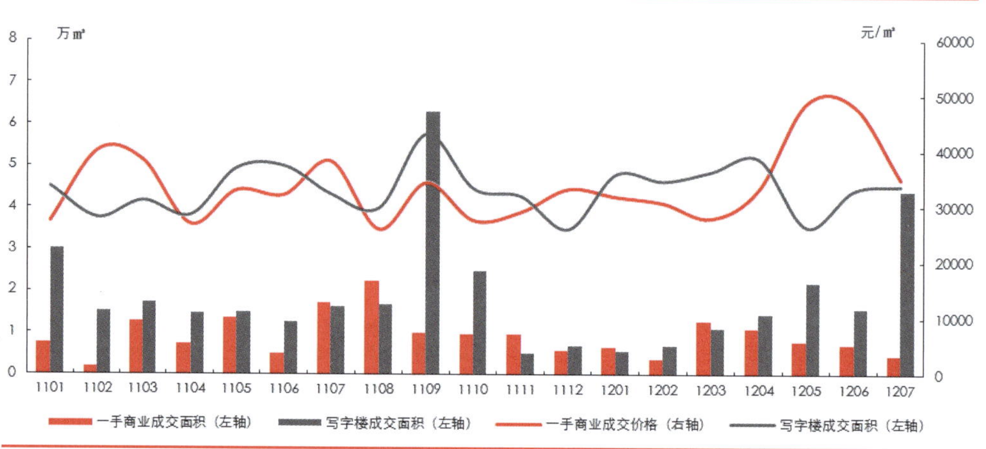

数据来源：深圳市规划和国土资源委员会、深圳中原市场研究部

而到了 2012 年 2 月中旬之后，货币政策再传利好信号，随着住宅市场的回暖，商业和写字楼市场也呈现出回暖迹象。首先是商业市场，3—4 月份成交达到了年内的一个峰值，4 月份价格也呈现上涨态势，至 7 月份才有所回落。但是，与去年同期相比，目前的商业市场仍显较为谨慎状态，总体保持在一个比较稳定的状况。

而写字楼市场随大市也有回升迹象，至 7 月份则大有逆转之势，成交量大幅上升，主要是由于深业泰然大厦的成交量影响较大，在整体投资需求较为旺盛的情况下，7 月份 4.38 万 m^2 的成交量，刷新了深圳写字楼市场 2011 年 10 月以来的最高点，成交价格环比上涨了 2.43%，同比上涨了 4.56%。但从 6 月份下滑的迹象来看，后市仍存在下滑的隐患，整体上跟随一手商业市场进入较为谨慎阶段。

1.2 政策导向：调控总基调未变 货币政策预调微调

1.2.1 二手评估价出台 调控再加码

2011 年 7 月 11 日，二手房按评估价征税正式实施，其中普通住宅将按核定价 1% 征税，非普通住宅税率是 1.5%（简称“711”新政）。自用满 5 年（含 5 年）且是家庭唯一住房的免征个人所得税。根据规定，存量房转让个人所得税计征方式分核实征收、核定征收两种。这直接导致二手房交易成本上升，既让绝大部分残留的投资者纷纷离场，也从而有效地杜绝了“阴阳合同”的做法，其出发点是想让二手市场走向规范化，但这也直接导致二手市场瞬间天寒地冻。

1.2.2 限价加深 价格无力回天

正式限价政策已经实行了3个月时间，虽有见市场上打“降价牌”不断，但实际上降价项目依然有限，甚至有人质疑商品房“一房一价”实为幌子，无实质性意义。2011年8月1日，深圳国土局又提出“深度限价政策”，将上次调控政策中“价格增幅不超过GDP涨幅”的目标修订为“价格月度环比零增长”，以及对单个项目将不进行整体限价，而是分为90m^{2}以下，90~144m^2，144m^{2}以上3个面积段分别限价等措施。这样，高价楼盘过户备案被限制，进一步催逼开发商大幅降价，并将刚需群体扶上市场主流。

1.2.3 保障房元年 低收入者有福音

这一轮调控，其根本目的就是要把房价调下来，在各种调控政策组合拳的刺激下，楼市似乎归于阶段性平静，但根源性的问题并未得到根本转变。于是，作为调控副产品的保障房政策，就应市而出，在根本上缓解结构性供应不足的问题。

2012年更是深圳的保障房元年，市住建局公布的2012年计划开、竣工保障性安居工程项目，其中开工项目共29个、总套数37976套，竣工项目共8个、总套数10505套。年内大批保障房工程竣工，如果这些保障房项目顺利入市，那将会在很大程度上优化全市的供应结构，特别对低收入人群来说，将是一个福音，而商品房市场也将有望步入健康发展的轨道。

深圳市将竣工的保障房项目（2012年8—12月） 表1-1

项目名称	区域	套数	竣工时间
东城国际	坪山	522	8月
燕子岭配套员工宿舍	坪山	1000	8月
龙华拓展区0008地块保障性住房	龙华	4002	9月
蓝色海安居	盐田	342	9月
金威职工住宅楼	罗湖	204	10月
中闽花园	龙岗	564	10月
松坪村三期	南山	3647	12月
深业御园	坪山	224	12月

数据来源：深圳中原市场研究部

深圳市住建局亦表示，2012年深圳市将陆续推出一批安居型商品房、公共租赁房和企业自建房等保障性住房。其中，2012年下半年计划推出的安居型商品房为4093套，公共租赁房为5567套。而从5月开始，深圳市将每个月推出一个安居型商品房楼盘，此举将一直持续到年底。

深圳市推出的安居型住房项目（2012 年 5—12 月） 表 1-2

楼盘名称	区域	套数	建筑面积（万 m^2）	价格（元 /m^2）
永福苑	宝安	504	4.34	6467
中海阅景馨园	龙岗	2888	20.44	7900
卓越西乡安居房	宝安	701	8.3	7380
香林世纪华府	龙岗	1538	10.55	5998
招商锦绣观园	龙华	2300	15.8	7898
新生辉茗语华庭	龙华	1800	11.6	5336
森之润爱心家园	龙华	待定	3.83	5231
福田地产安居房	宝安	待定	15	4918

数据来源：深圳中原市场研究部

1.2.4 公积金制度的完善 中低收入者的福音

中央政府虽然未有放松调控之说，但对刚需的支持却一直坚定。2012 年 6 月中央宣布下调个人住房公积金贷款利率，而地方政府不断微调中，也不乏有对公积金的调整。深圳市住建局公布《深圳市住房公积金贷款管理暂行规定》（简称《贷款规定》）正式颁布，住房公积金贷款业务将力争于 2012 年 9 月底前上线，主要支持购买保障性住房和首套普通商品住房。《贷款规定》规定，贷款对象是在深圳市缴存住房公积金的职工。职工本人为公积金贷款申请人，配偶应当为共同申请人；父母在本市缴存住房公积金的，可以为共同申请人；且公积金可贷额度不足可申请组合贷款。相对于北京、上海等一线城市，深圳的公积金实行期限太短，其实施的细节方面上存在不明确的地方，但是，《贷款规定》开始征求意见，标志着深圳住房公积金政策体系的进一步完善。公积金制度的完善，相当于降低了置业者的入市门槛，有利于中低收入者实现购房梦，从另一个侧面来看，未来市场需求将有望进一步扩大。

1.3 区域格局：城市更新 区域分化

随着 2011 年 8 月份大运会结束，深圳楼市也进入到后大运时代，过去以龙岗为中心的局面开始分化，而以大运为主题的产品打造及宣传，也渐渐淡出市场，而楼市的下一轮，则随着市区域规划的落定，逐渐分化出新的热点区域。

1.3.1 龙华：崛起之星 供应大增

深圳北站的落成及高铁的运营，无疑使龙华成为各方追捧的热点。2011 年全市的推盘量有 389.43 万 m^2，其中，龙华区有 56.80 万 m^2，占比达 14.59%，而单单下半年的推盘量就达到 31.16 万 m^2，占龙华片区全年推盘量的 54.86%。2012 年 1—7 月份，全市推盘量有 15621 套，面积达 161.18 万 m^2，龙华片区的推盘量占比超过 20%，其中包括有星河盛世、水榭春天 5 等较大体量的新盘，曾引起全市成交数据的大幅波动，在楼市复苏期，无疑是热点区域热点楼盘的代表；而年初市场超低迷期，全市成交冠军的花半里，也是位于龙华片区，这一楼盘曾在楼市经历最寒之季，是众多年轻刚需一族置业的首选。

二手住宅方面，2011 年相对于福田、南山、龙岗这些热点区域，龙华的表现并未那么强劲，但随着区域性特点的显现，且在一手市场的全力带动下，二手市场开始走俏，2012 年 6 月份由于央行降息带来的市场预期整体转向，龙华片区的二手住宅新增房源量变化尤为明显，由 5 月份的 1780 套，暴增至 22946 套，增加量接近 12 倍之多。

1.3.2 龙岗：调控期价格领降 成交乏力

近年来，龙岗区的新房供应量一直维持在较高水平，尤其是在大运影响之下，成交量也一路高升，由于南山、宝安的新房供应减少，2011 年全年，龙岗成为全市新房成交量最多的区域，成交量比宝安的多 21.87%，而其成交量更是南山区的近 3.6 倍。2012 年上半年，龙岗成交量达 64.03 万 m^2，这一成交量也是同期南山区的 2.7 倍，但同比则下降了 23.11%。

自大运结束之后，龙岗的区位优势则有所减弱，尚不完善的城市面貌及相应的交通条件等不利因素，使得其在区域变革中逐渐弱化，且价格一直处在相对较低水平，并且容易产生波动。在此轮调控中，龙岗房价率先调整，由中海康城带领，首先抛出千套低价位楼盘，随后全市降价浪潮蔓延。而在楼市经历最艰难时期，龙岗的楼盘也是走量最为艰难的区域，如保利上城，于 2011 年 11 月开盘，开盘销售超低，而后期面临市场压力愈增的形势，多次调整价格，仍是销售乏力；而同片区的广业城学府道，也是相近时间开盘，开盘销售率仅为 4 成不到。

而当连续降存准、降息不断传来利好信号，市场预期彻底转向之后，热点区域的热点楼盘捷报频传，而龙岗区的一手住宅市场则步履蹒跚，恢复的速度远远低于龙华、宝安片区，巨大的体量在缓慢释放的需求面前，显得动力不足。

1.3.3 南山：豪宅弱化 刚需降价盘走俏

根据《深圳城市总体规划（2007—2020）》，前海中心区定位为深圳两大城市中心之一，与当前的福田中心区并驾齐驱。作为前海中心区的核心组成部分，“大南山西片区”将是未来 10 多年深圳的重点发展片区之一。所以，该片区也将赢得越来越多的置业者和投资者的关注。

一手住宅供应方面，与以往不同的是，豪宅供应为主的特点有所弱化，代之以刚需产品为主。2011 年全年，均价超过 40000 元 /m^2 的项目有 5 个，最为典型的豪宅代表有纯水岸九期和宝能太古城，但宝能太古城、绿海湾花园等的销售率不乐观。相反的，同样的楼市严控期推出的中泰•南山一品，由于总价低于同片区楼盘，开盘几乎售罄。此外，在降价浪潮中最为典型的代表，当属华侨城片区的首地容御，其 89m^2 较小户型的价格大幅度调低至 28000 元 /m^2 起，当即被抢空；汉京确悦，精心打造的中小户型产品，开盘以 18000 元 /m^2 的超低均价，即取得较为理想的销售成绩；此外，有招商雍景湾，在全市降价潮蔓延之下，也开始调低价格，由前期的 35000 元 /m^2，曾一度调至 26000 元 /m^2，也迎来刚需置业者的青睐；纯水岸十四、十五期，也以低于同片区二手豪宅的价格开盘。在史上最严厉的调控之下，豪宅区价格坚挺的神话被改写。

1.3.4 盐田：新增供应缺乏 豪宅价格居高不下

由于地理位置的缘故，盐田房地产市场历来都是比较平淡，供应少，除了一些豪宅别墅，其吸引区域外的客户并不多。盐田区 2011 年全年新增供应为 12.49 万 m^2，仅占全市总的新增供应量的 3.21%，而 2012 年上半年却没有新增供应楼盘，并且与去年相比，盐田区的成交量大幅萎缩，2012 年 6 月 18 日至 7 月 15 日，连续四周出现零成交状态。二手住宅的放盘量也远远低于其他各区，成交量甚少，2011 年全年的二手成交量仅为 13.41 万 m^2，占比仅为 2.59%；2012 年 1—7 月份二手成交量为 5.26 万 m^2，比去年同期减少了一半，成交量进一步下滑。

由于供需量较少，价格受结构性影响更大。大梅沙片区的豪宅别墅，曾刷新了全市的最高价，对于成交量较小的盐田区来说，一两套豪宅的成交，往往会导致该区价格高涨。由于深圳东部轨道交通的运行，大梅沙的高端物业投资也成为热点，该片区豪宅的稀缺性及特殊的自然环境，使该片区的豪宅价格居高不下。在全市降价热潮之时，也仅有皇庭玺园、爱琴湾等启动中介二、三级联动，提高转介点数和奖金，扩大客户源，其他的别墅则未见有降价行为。

1.3.5 福田：二手住宅优势弱化 写字楼成交多

近几年，福田的一手住宅供应大幅减少，2011 年仅有 24.91 万 m^2 的新增供应，其中包括桐林公寓。而 2012 年至今，仅有嘉州富苑一个项目入市，一手住宅供应奇缺。但是，由于全市经济格局、地理位置的优越性，该区的投资价值较高，二手成交量较大。至 2011 年，其二手住宅放盘量及成交量均占有绝对优势地位，但 2012 年以来，由于龙华片区的崛起，导致其二手住宅的优势有所弱化，2012 年 1—7 月份二手住宅成交量为 44.06 万 m^2，比去年同期下降了 51.91%，成交量占比也降至 19.69%。

虽然二手住宅的成交量有所下滑，但福田的写字楼则呈现出较为活跃的现象。近年来其供应量、成交量都位列各区之首。深圳目前甲级写字楼分布中，四大片区之一的南山区，其写字楼市场尚未形成规模，开发度有待成熟，全市的主要供应仍是集中在福田区，但租多售少的趋势，将会导致该区未来可售的一手写字楼数量有限。

1.3.6 罗湖：旧改注活力 价值空间大

罗湖作为深圳特区最早沐浴改革开放春风的区域，经济发展和基础建设一度走在全市前列，辖区土地已基本全部建成，如今，面临土地短缺和发展瓶颈，“再造新罗湖”被提上罗湖“十二五”规划日程。日后区域将围绕旧工业、旧商业区、城中村、旧住宅区全面实施综合整治和改造升级，未来 5 ~ 10 年，在罗湖 34.7km^2 的建成区中，有 8.3km^2 要进行城市更新，占建成区面积约 1/4。黄贝岭、湖贝、水贝、蔡屋围等片区都将有品牌开发商入驻，实施升级改造，列入规划片区将迎来华丽转身。旧城改造将为罗湖注入新的活力，也将出现一批设计水平、质量档次较高的综合体及住宅替代现存的老旧住宅，片区的房地产将受此带动而升值。

由于罗湖是特区最早建成的区域，不仅配套完善，居住氛围醇熟，同时区域的一些楼盘目前价格不高，有的甚至低于原特区外物业，待各项改造完成后，未来将具有一定的升值空间。

第 2 章
开发商以价换量
深圳中介生死轮换

2.1 以价换量 应对市场

“711”之后，受新政实施的影响，市场观望氛围加重，市场需求大幅萎缩，成交急转直下，跌至历史最低点。随着价格下跌的市场预期不断增强，降价是一个必然趋势，并将蔓延至全市，开发商加紧促销、谨慎定价是目前市场环境下赢得市场的最强有力手段。有了 2008 年的市场经验，多数开发商不会选择死扛，从逆市中销售成绩较好的项目来看，都是受“限价”影响，以低于市场预期价格入市的楼盘。另外，更多的市场因素也会直接刺激楼市价格进一步下跌：放弃库存激增，竞争激烈；随着限购期限的延长，符合条件的目标客户也越来越少；资金面全面收紧等。

当“金九银十”彻底幻灭之后，政策方面也收紧了开发商的预收款，即增加了其自筹资金比，对政策尚有一丝幻想的开发商，就开始积极调价应对市场，为抢占市场先机，他们将想方设法使降价促销进一步升级，不同的产品定位将采取不同的营销策略，以锁定目标客户群，在买方市场逐渐形成、刚需主导市场的情况下，“以价换量”就成为最有效的促销手段。于是，继中海康城、水榭春天之后，降价潮便由点到面逐渐在全市铺开。先后有花半里直降 5000 元 /m^2、万科系的“万团大战”、东城国际的“解放刚需大运动”、云顶嘉园的“一成首付”等等，都直接演绎这调控期的大幅降价风潮。

当 2012 年货币政策开始微调，市场预期直接转向，便有开发商迅速抓住市场讯号，开始回调价格，起初只是对前期降价的一种回调，也有部分对市场的试探，幅度不大，但随着年内两次降息，对后市乐观的人群越来越多，而开发商小幅度调涨的价格也为大多数置业者所接受，7 月份多个新盘不俗的销售成绩，足以说明这一点。

深圳市部分项目价格回调情况（2012 年 5—7 月）

表 2-1

楼盘名称	片区	住宅推售面积（m^2）	均价（元 /m^2）	回调幅度（%）	推售时间	发展商
万科翡丽郡	沙井	36516.67	10000	20%	2011-12-17	万科
		26305.71	12000		2012-05-19	
万科金域缇香	坪山	14632.49	9500	15.79%	2011-12-24	
		29264.20	11000		2012-05-11	
万科璞悦山	坂田	48937.21	23000	4.35%	2011-12-02	
		22077.72	24000		2012-06-15	
广兴源圣拿威	西乡	34060.76	18000	22.22%	2011-12-03	广兴源投资
		39459.69	22000		2012-07-18	
八意府	龙岗	20553.87	14000	7.14%	2011-07-23	尚模发展
		5917.64	15000		2012-07-07	
纯水岸	华侨城	54540.80	56650	11.21%~20.04%	2011-07-10	华侨城房地产
		66037.80	63000~68000		2012-07-07	

数据来源：上海中原研究咨询部

2.2 减员关铺 保存实力

2011 年 12 月底，各地的气温降至入冬以来的最低，而房地产市场的温度则更冷。2011 年初深圳地产中介店铺多达 8000 家，至 11 月初已减少到 5000 家左右。关铺数量约占原有中介门店数量的 1/3。平均一周一家店铺都难做成一单生意，而二手房佣金是地产中介收入的主要来源，二手房交易出现锐减，必然导致中介公司减员关铺。

面对低迷的市场状况，很多中介面临生死考验，业绩急速下滑，不少中介公司已经采取策略、进行整顿，以应对市场变化。在 2011 年底，作为深圳中介之首的中原地产，也进行了相应的策略调整，剪掉了生意平淡的店铺，并同时积极调动二、三级联动，最大限度地发挥其强大的客户网络资源，以求在逆市中保存实力。就在 2 月 18 日，央行再次宣布降低存款准备金率之后，市场开始回升，至 2 月底，中原即实现扭亏为盈，逆转了连续数月亏损的不利局面，二季度则实现了业绩突破。

第 3 章 深圳居住用地少 房企谨慎拿地

3.1 龙岗土地成交多 居住用地紧缺

2011 年 7 月份以来，全市共成交的土地有 49 宗，其中，主要位于龙岗区，而这部分土地主要用途是为工业用地，其中仅有一块为惠明盛地产拿下的安居型商品房用地。宝安与南山持平，福田有 3 宗地块成交，龙华则成为居住用地成交较多的片区，其成交的 6 宗土地中，有 4 宗为居住用地，其中包括 3 宗安居型商品房用地。

深圳市成交地块区域分布（2011 年 7 月—2012 年 7 月） 表 3-1

统计指标	全市	宝安	龙华	龙岗	南山	福田	盐田
土地宗数（宗）	49	8	6	22	8	3	2
土地总面积（m^2）	1193415	211992	278943	411489	254335	10620	26036
规划建筑面积（m^2）	3915269	969913	648267	1463859.04	757610	15620	60000

数据来源：深圳中原市场研究部

2011 年下半年至今，楼市的起起伏伏，也直接影响到土地市场的波动。土地供应持续萎缩，尤其是居住用地，供应锐减，2011 年 7 月至 2012 年 7 月整整一年，成交的 49 宗土地中，仅有宝安、南山、龙华的 3 宗居住用地成交，而工业用地则成交了 17 宗。在保障房政策大肆推广之时，2011 年下半年先后有五家房企分别拍下了 5 块安居型商品房用地，其中包括招商地产和福田地产。而 2012 年 1 一 7 月份，则无纯居住用地出让，仅有南山的 1 宗工业用地与三类居住用地混合的地块成交，另一块有居住功能的地块，是位于宝安的商业性用地含部分居住功能，其中计划总建面为 53.67 万 m^2，住宅部分有 27.06 万 m^2，并且只是部分权益出让。居住用地更为紧俏。

3.2 楼市低迷 房企谨慎拿地

深圳楼市经历史上最低迷期，商品住宅成交乏力的情况下，开发商回笼资金的速度大大减缓，由于货币政策不断收紧对房地产的倾斜，导致房企的资金面临空前的紧张局面。在逆市中，现金为王更加成为各大房企求生存的不变定律。此外，后市政策的不明朗性也增加了房企拿地开发的忧虑。因此，拿地变得更为谨慎，2009 年地王频出的局面不再在深圳市场上出现，而流拍现象频现。自 2011 年 7 月以来，全市共流拍地块 10 块。

深圳市土地流拍情况（2011 年 7 月—2012 年 07 月）

表 3-2

成交日期	宗地编号	土地位置	土地用途	用地面积（m^2）	建筑面积（m^2）	土地使用年期
2011-12-07	G16606-0001	龙岗	旅馆业用地	80947.87	121420	40
2011-12-27	A511-0029	龙岗	商业办公用地	29013.71	63000	50
2012-06-14	A011-0190	宝安	工业用地	10074.7	35250	50
2012-06-14	A907-0153	龙华	工业用地	21258.85	63700	50
2012-06-14	G14310-8076	龙岗	工业用地	28267.02	70700	30
2012-06-14	G13111-0106	龙岗	工业用地	11332.92	28330	30
2012-06-14	A503-0080	龙岗	工业用地	8446.95	40350	50
2012-06-14	A124-0045	宝安	机场用地	14324.91	23000	50
2012-06-14	A002-0042	宝安	商业服务业设施用地	7665.64	55190	40
2012-06-14	A503-0080	宝安	工业用地	8446.95	40350	50

数据来源：深圳中原市场研究部

第 4 章 金融政策逆转预期 深圳一手房市场起死回生

2011 年 7 月 11 日之后，随着二手房按评估价征税政策正式实行后，深圳一手商品住宅市场急转直下，陷入僵局，市场预期转向，观望氛围浓厚，随后，越来越多的楼盘低价入市，平均开盘销售率不高，上半年的抢购热潮不再出现，11 月份全市一手房成交创年度最低，而价格自 7 月以来持续下跌，12 月底全市均价接近 2009 年 6—7 月份的水平。

2012 年年初受到市场悲观情绪的影响，开发商推售谨慎，直到 2 月 18 日，央行年内首次降低存款准备金率和首套房贷利率下调的利好因素，使市场成交逐步回升。3 月全市一手商品住宅的推售量和成交量逐步放大，典型刚需楼盘纷纷入市。沉寂了 7 个月的楼市终于在 3 月期间初显“小阳春”之势。虽然全市成交量有所回升，但两会期间，温总理称中国房价没有回到合理价位，并强调全国楼市调控主基调不变，虽然货币政策对楼市有利好的信号，但国家调控楼市的信心使市场在 4 月期间陷入僵局，成交缩水。随后 5 月初，在春交会和央行年内二次降准的带动下，全市一手商品住宅供应量和成交量均大幅回升。6 月 8 日，央行宣布降低一年期存、贷款利率各 0.25 个百分点，此举为 3 年来央行首次降息，信贷政策的宽松，一举打破深圳楼市冰封了 3 个季度的僵局，市场预期随之转变，各种楼市调控政策放松等言论渲染市场氛围，刺激全市一手商品住宅在 6 月份成交达高峰。

4.1 全市供应处低位 龙岗宝安占主导

2011 年深圳市一手商品住宅批售总量为 389.37 万 m^2，同比减少 3.24 个百分点。2012 年上半年全市一手商品住宅批售面积为 153.41 万 m^2，同比小幅增加 4.16 个百分点。近年新批住宅量呈逐步走低的趋势，虽同比有小幅回升，但最主要的还是因为近年深圳出让的土地一直处于低水平。

图 4-1 深圳市历年一手住宅新增供应情况（2001—2012 年上半年）

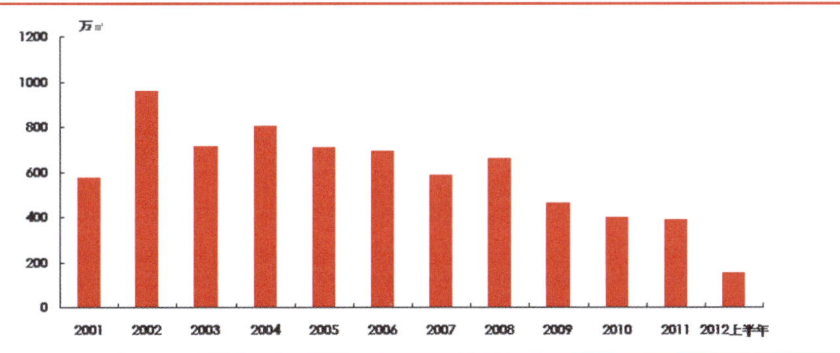

数据来源：深圳中原市场研究部数据来源：深圳中原市场研究部

注：供应量以批准预售为统计依据

从各区来看，2011年全市一手商品住宅批售面积集中在龙岗和宝安区为主，虽然龙岗区批售量有所减少，但仍是全市各区批售量最大的区域；而罗湖区的批售量出现较大幅度的下降；南山区的批售量有小幅回升。2012上半年全市一手商品住宅批售仍集中在宝安区、龙华区和龙岗区。相较去年上半年，龙华片区的新增楼盘大幅增加。作为关内住宅的热点区域，南山区的批售量同比大幅上涨52.18个百分点。而罗湖、福田和盐田区新房常年供应处于较低水平，上半年批售量均出现下降的情况。。

图4-2 深圳市历年各行政区一手住宅供应情况（2008—2012年上半年）

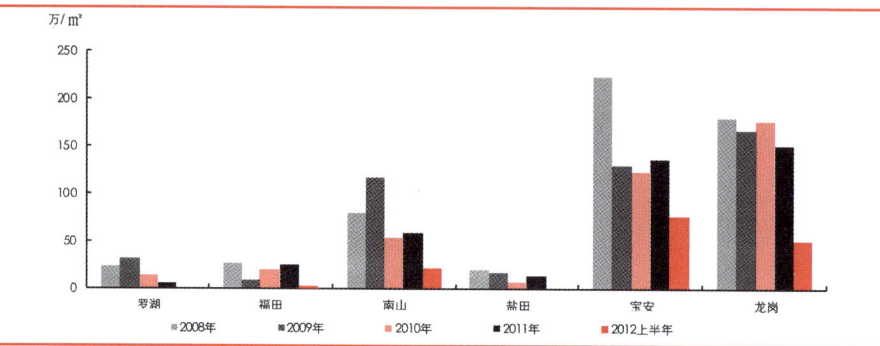

数据来源：深圳中原市场研究部
注：供应量以批准预售为统计依据

4.2 市场预期改变 成交重回正常水平

2011年全市一手商品住宅成交量为272万m^2，同比下跌15.26个百分点。2012年上半年全市一手商品住宅成交量为157.35万m^2，相较去年全年供求情况，今年上半年供求关系逐步转变，受到成交回暖，市场预期也逐步发生改变，一味看跌的情绪发生改变，刚需置业和改善型置业拉动了上半年成交。

图4-3 深圳市历年一手住宅成交情况（2001—2012年上半年）

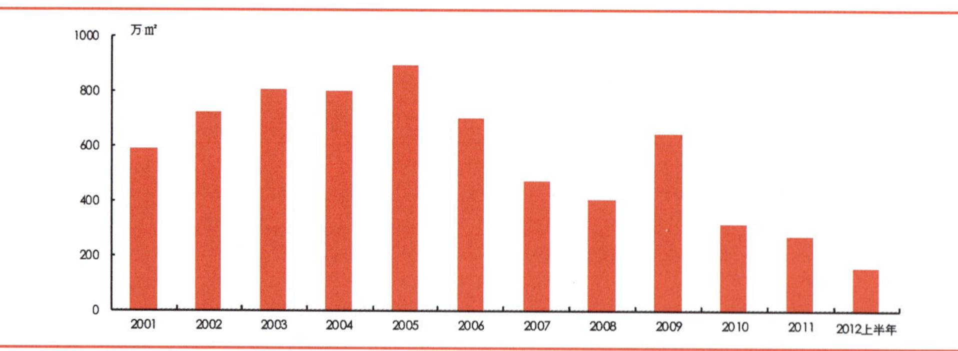

数据来源：深圳市规划和国土资源委员会、深圳中原市场研究部

城市 Market
楼事 Story
数据 Data

2011 年 1 月初“新国八条”楼市调控政策严厉执行使深圳一手商品住宅上半年成交萎靡，下半年 7 月 11 日出台二手房税收政策更坚定了市场看跌情绪，2012 年 1、2 月份受到新年和市场悲观情绪影响，全市成交量始终在低位徘徊。2 月底央行公布下调存款准备金率 0.5 个百分点，市场顺应 3 月传统小阳春，成交量逐步回升。随后 4—6 月期间新房推售量加大，刚需明星楼盘的频频入市，央行年内 2 次降准，6 月初的降息等金融政策的出台，市场成交于 5、6 月期间稳步回升，重新回到正常水平，楼市筑底成功。

图 4-4 深圳市历年各月一手住宅成交情况（2010—2012 年上半年）

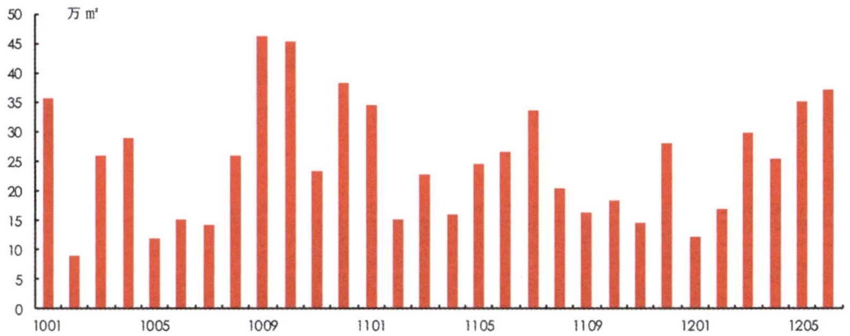

数据来源：深圳市规划和国土资源委员会、深圳中原市场研究部

2011—2012 年上半年，深圳各区域一手商品住宅成交量涨跌不一，其中宝安区和龙岗区仍是遥遥领先其他区域。一方面，宝安区和龙岗区的供应量大；另一方面宝安区由于深圳北站的开通以及龙华新区的成立，使其楼盘升值潜力提高；而受到“大运余热”的影响，龙岗区内大社区的形成以及周边公共设施配套也逐步齐全；第三，宝安区和龙岗区的房价相对全市其他区域较低，成为刚需置业者的首选。

图 4-5 深圳市历年一手住宅成交情况（2001—2012 年上半年）

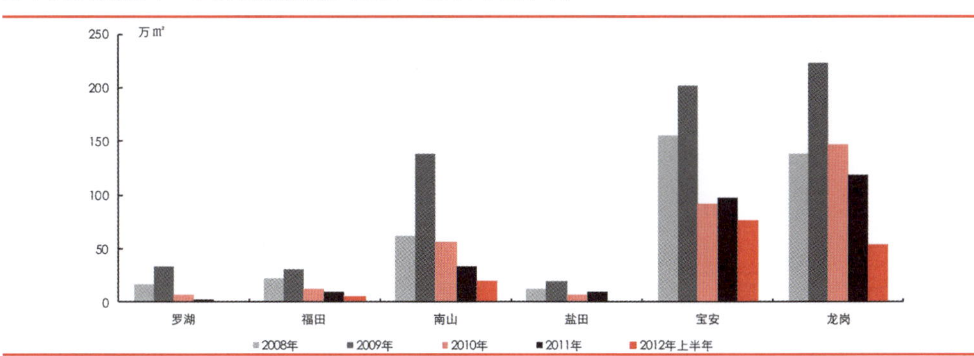

数据来源：深圳市规划和国土资源委员会、深圳中原市场研究部

注：销售量以签订预售合同为准

4.3 楼市调控效应显现 新房价格下跌

2011 年 7 月份的二手房相关税收政策出台后，市场急转直下，需求大幅萎缩，全市一手商品住宅成交量下滑，市场预期也直接导向普遍悲观，开发商迫于资金压力和年内销售目标，逐渐松动价格，营销力度不断加强，降价促销成为赢得市场的主要手段，高位运行的房价，终于开始出现下降的势头。2012 年上半年全市一手商品住宅成交趋于稳定，虽然有部分开发商开始调涨，但整体的均价走势呈现平缓状态。

图 4-6 深圳市历年一手住宅成交均价情况（2002—2012 年上半年）

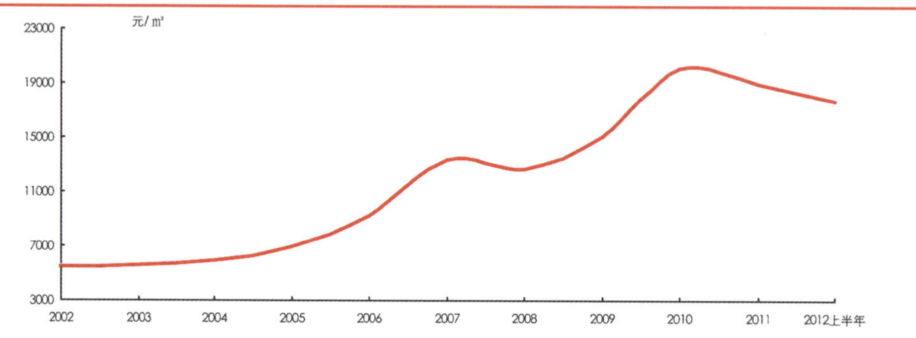

数据来源：深圳市规划和国土资源委员会、深圳中原市场研究部
注：年度销售均价以备案数据为准

2011 年 7 月份全市一手商品住宅均价回到 2 万元 /m^2 以上高位，成为近一年来最高，8 月份各种政策的叠加效应完全释放，加之“7.11”二手房税收政策效应凸显，市场急转直下，越来越多的楼盘低价入市，12 月份的价格跌至 2009 年中的水平。2012 年上半年 1—4 月，深圳一手商品住宅房价保持在 16500~17500 元 /m^2 之间小幅震荡。去年 12 月全市推盘量激增，1 月份成交均价也直接受到 12 月推售楼盘的影响，价格出现的小幅上涨。2 月受到春节影响，复苏缓慢，价格下跌。3 月刚需楼盘集中入市，带领均价小幅回升。而两会期间温总理表明全国房价未到合理价位，4 月份全市价格又出现小幅下降。5、6 月陆续有高价楼盘入市，并且成交活跃，受到个盘影响，全市一手商品住宅成交均价有所上涨。

图 4-7 深圳市历年各月一手住宅成交均价走势（2008—2012 年上半年）

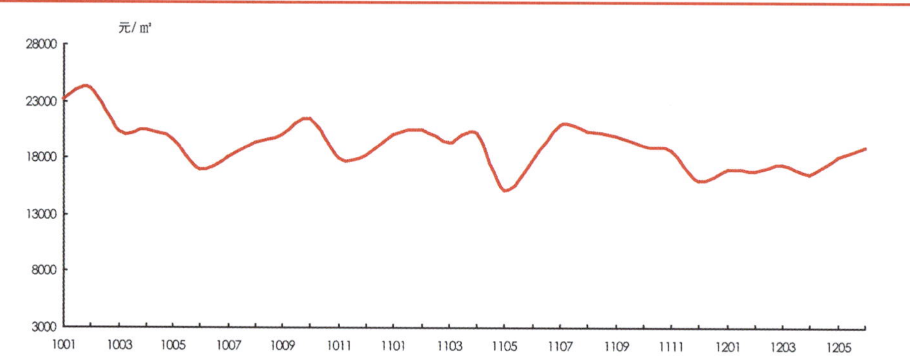

数据来源：深圳市规划和国土资源委员会、深圳中原市场研究部
注：月度销售均价以签订预售合同为准

2011 年全市一手住宅成交均价如下，除了罗湖区受到个盘影响，同比小幅增长之外，其余 5 个行政区的一手住宅成交均价涨幅均出现大幅萎缩。尤其是盐田区和宝安区，已经出现了负增长的情况。

除了盐田区由于一直没有新增一手住宅供应的原因，价格受单个楼盘影响，出现小幅增长的情况以外，今年上半年深圳 5 个行政区的成交均价均出现下跌趋势。近半年来，各区域刚需楼盘供应充足，拉低各区域均价，实现调控目的。

深圳市历年各行政区一手住宅成交均价（2010—2012 年上半年） 表 4-1

区域	2010 年		2011 年		2012 上半年	
	均价（元 /m^2）	同比涨跌（%）	均价（元 /m^2）	同比涨跌（%）	均价（元 /m^2）	同比涨跌（%）
罗湖	23205	2	24796	6.85	22688	-7.92
福田	29237	23.51	32046	9.6	30125	-10.02
南山	30583	51.66	34555	12.98	29319	-7.59
盐田	42898	68.31	18339	-57.24	21465	10.21
宝安	19925	41.15	13871	-30.38	16282	-15.79
龙岗	14327	47.22	14705	2.63	14160	-2.35

数据来源：深圳市规划和国土资源委员会、深圳中原市场研究部
注：年度销售均价以备案数据为准

4.4 供应量增多 成交继续稳中有升

国内经济学家认为，年内央行两次降息表明政府正在加紧政策放松的步伐，以保证全面稳增长，政府正在试图提升私人部门的投资需求。预计 2012 年下半年政府将会出台更多货币宽松政策，包括下调存款准备金率和扩大财政支出等，虽然信贷以及货币政策并没有直指楼市，住建部等多次表明楼市调控政策不会放松，限购令不会松懈。在此背景下，楼市尚未出现 2008 年式大幅反弹的迹象。2012 年下半年全市新房潜在供应量约 280 万 m^2，加之 6 月底全市可售面积 225 万 m^2，全市可售面积将达 505 万 m^2。目前全市供应量相对较大，而开发商在市场预期转向之际，必将抓紧时机，积极走货，预计后市成交量仍将稳中有升。

第 5 章
调控政策不断加码
深圳二手住宅浴火重生

5.1 “7.11”后楼市风雨飘摇

从 2010 年开始至今，楼市调控政策屡出新招，由中央到地方、由宏观到微观、由限购到限价，调控政策正引领着房地产市场进行一次转型与变革。回顾二手住宅市场的情景，限购令基本已将投资客逐出了市场，高昂的税费成本和高额的信贷成本，也让大部分的刚性需求者驻足不前。成交均价先扬后抑，再而稳中求升。2011 年上半年由于市场惯性及反应的滞后性，均价仍保持上扬的态势，但由于 2011 年下半年二手房评估征税政策的出台，更进一步明晰了市场下行的趋势，更多的置业者选择观望，按兵不动，同时部分置业者被分流至低价的新房市场，二手住宅成交量直线下降。7.11 新政的出台，无疑是压死骆驼的最后一根稻草，成交瞬间降至冰点，市场陷入悲观，更多业主开始加大议价空间，成交均价在 7 月亦开始回落，下半年量价齐跌。至 2011 年第 4 季度成交量已低于 2008 年低谷，楼市“寒冬”显现。相比 2008 年至 2009 年的市场波动，此轮调控下，市场各方都显得更为理智，观望周期拉长，市场下行耗时更长。

2012 年 1 月千套开局的惨淡，让不少人年初时对今年的预判仍定格在去年下半年的冰点上，市场悲观情绪弥漫不散。为化解压力，地方政府进入深度博弈期，不断找寻突破口，“微调”政策花样百出、此起彼伏，楼市进入“敏感期”。虽然中央政府一再重申要严格执行并逐步完善抑制投机、投资性需求的政策措施，进一步巩固调控成果，促进房价合理回归，然而年初开始中央也在逐步放开微调的口子，对于刚性需求的信贷政策进一步宽松。在外围经济环境持续恶化、宏观经济不断疲软的背景下，“稳增长”顺理成章成了宏观调控的第一要务，年内 2 次降准、3 年来首次降息无疑给房地产市场打了一剂“强心针”，大大提振了市场的信心，市场预期逐步转好。2 月市场的大幅回温超出大部分人的预期，而“小阳春”和“红五月”更是给楼市带来预料之外的惊喜，市场信心不断走强、刚需积极入市，上半年完美地走出了去年下半年以来的历史寒冬。

5.2 业主惜售 买方观望

根据深圳中原盘源系统监测数据结果可以看出，2011 年市场陷入浓厚观望氛围当中，放盘量持续下降，业主惜售心理严重。2011 年下半年，受二手评估征税政策的出台，各方对市场的下跌预期增强，购房者置业计划放缓，访客量持续下降，而由于限购、限贷政策下，业主卖出房产后再入手成本较高，加之现有经济条件下投资渠道匮乏，二手业主普遍惜售，导致房价下跌趋势下放盘量仍持续萎缩。

5.3 政策微调 由冬眠到复苏

从中原实际成交估测的深圳市二手住宅的成交套数来看，2012 年上半年全市成交面积为 242 万 m^2，环比增加 87.2%，同比减少 39.7%。从历史数据来看，上半年总量已好于 2008 年的低潮期，已然走出了 2011 年下半年以来的寒冬。2012 上半年针对刚需的差别化利好信号逐渐明朗，积压已久的刚需购买力在信贷等优惠政策推动下得以释放。

图 5-1 深圳市历年二手住宅成交量走势（2008—2012 年）

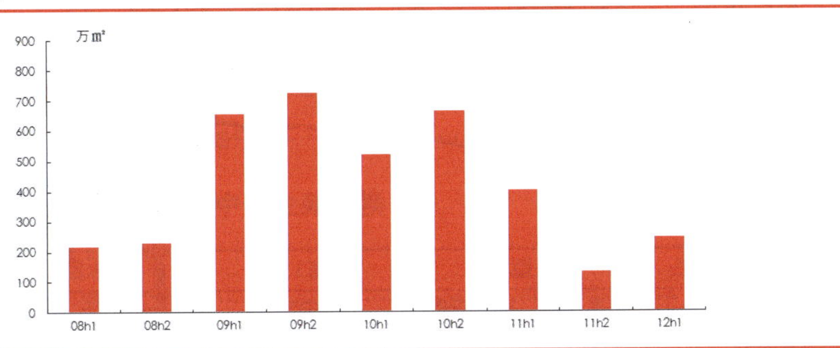

数据来源：深圳中原市场研究部

注：深圳市二手住宅成交量数据根据中原实际二手住宅成交量估测，非交易中心登记数据。由于不受交易登记周期影响，中原数据时效性更强，相对更能及时反映市场动向。

5.3.1 龙年转运 否极泰来

根据深圳市规划和国土资源委员会公布的过户数据显示，受整体宏观政策调控和二手评估征税政策影响，2011 年全市二手住宅过户数为 60665 套，同比大幅减少 45.13%。成交面积 518.7 万 m^2，同比减少 43.98%。而从 2012 年上半年各月走势来看，1 月由于传统春节假日，成交达到历史冰点，2 月受节后返城带动，加上如上海、芜湖等地方政策的"煽风点火"，刚需入市活跃，成交量大增。3 月开始首套房贷放松，重回利率打折时代，中央虽一再强调继续严控楼市，但也表明暂无出新调控政策的可能，成交量得以稳步攀升。4 月两会召开，房地产市场成为热议话题，然而两会的结束之际温总的一句"房价远未回到合理价位"也给待回暖的市场当头泼了一盆凉水，股市大势转头向下，而房地产市场也未能如预期般继续向上，低下了本欲继续向上的头颅。5 月地方地府进入频繁微调期，"扬州新政"被默许、石家庄新政以谣言之说不了了之，加之宏观经济疲软背景下"稳增长"的提出，年内二次降准等等都间接地拉高了市场各方对后市的预期。6 月的降息更是进一步奠定了市场企稳的根基，市场信心得以大幅提振，给上半年走出这个历史寒冬的历程画上了一个完美的句号。

图 5-2 深圳市二手住宅每月成交量走势（2011—2012 年）

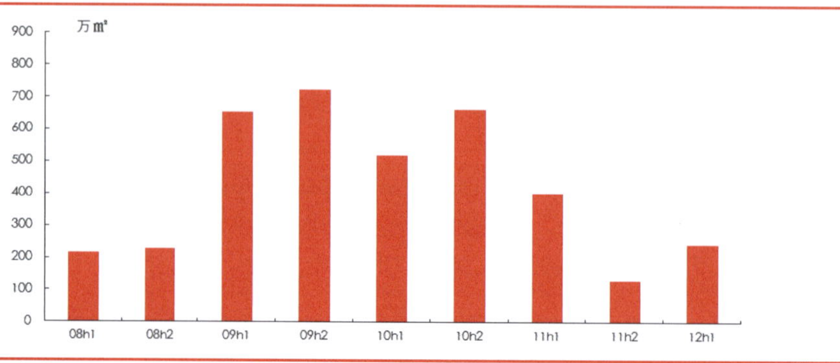

数据来源：深圳中原市场研究部

注：深圳市二手住宅成交量数据根据中原实际二手住宅成交量估测，非交易中心登记数据。由于不受交易登记周期影响，中原数据时效性更强，相对更能及时反映市场动向。

5.3.2 龙岗宝安逆市顽抗

从各行政区成交情况来看，2011 年罗湖和南山两区的减幅最大，成交套数同比去年分别减少 48.75 和 48.21 个百分点，高于全市的平均减幅；而宝安龙岗两区由于区域及地铁交通利好，加上整体均价低于关内各区域，在刚需为主的市场环境下，自然成为刚需置业者的首选区域，成交量下降幅度低于全市平均水平。

而 2012 年上半年龙岗成交量占比位居全市首位，这跟上半年刚需主导市场的特点息息相关，价格因素往往是刚需客户的首要考虑因素，而价格仍处全市低洼则是龙岗区别于其他区域的天然优势。关内的福田、罗湖由于地理之先天优势，依然是众多流连中心区客户的首选之地，在经历了一轮价格调控后部分客户也抓住机会纷纷置业。宝安区全市占比位居其次，龙华新区的成立和规划利好给宝安区带来无限的希望和源动力，大批客户看到了未来发展的潜力选择置业该区域，然而上半年龙华新区新房的巨大供应量也使得部分客户流向新房市场，环比来看宝安二手成交量的回升力度显得有些迟缓。南山总量虽位居其他区域之后，但由于前海中心的日趋白热化，区域规划利好也促动该区域成交量在寒冬后得以快速回升，环比上升幅度为全市之最。盐田区由于片区总量较小、产品分散，成交量波动幅度较大。

深圳市各行政区二手住宅成交套数表　　表 5-1

行政区	2012 上半年（套）	同比	2011 年（套）	同比
罗湖区	3801	-53.1%	11007	-48.75%
福田区	4012	-58.2%	12465	-44.90%
南山区	3411	-54.9%	9882	-48.21%
盐田区	446	-65.6%	1729	-39.12%
宝安区	3851	-56.7%	11994	-43.98%
龙岗区	4796	-51.3%	13588	-41.27%
全市	20317	-55.2%	60665	-45.13%

数据来源：深圳市规划和国土资源委员会

注：此成交数据为国土局公布之全市二手住宅过户数

5.3.3 限价显效 均价下探

根据深圳中原的实际成交监测数据显示，2011 年全市二手住宅成交均价为 23051 元 /m^2，同比继续增长 22.78 个百分点，并且呈现出各区普涨的局面。六区中，宝安和南山区由于受前海中心概念的推动，成交均价涨势迅猛，涨幅分别为 26.15% 和 22.85%。而福田区由于地处中心位置，价格高居不下，全年涨幅达 2 成。而从年度历史均价来看，2012 年上半年的成交均价为 22005 元 /m^2，相比 2011 年成交均价下滑 4.5 个百分点，可见 2012 年年初延续了 2011 年下半年价格下跌的大势，整体成交价格高位回落，给刚需购房者创造了一个很好的置业时机。

图 5-3 深圳市二手住宅历年成交均价走势图（2004—2012 上半年）

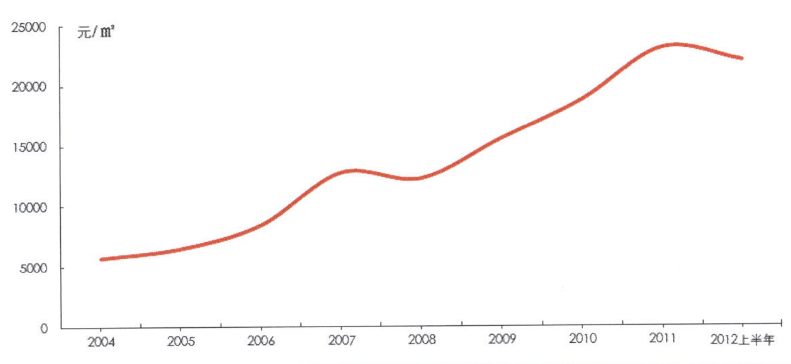

数据来源：深圳中原市场研究部

从深圳中原领先价格指数月度走势来看，经过本轮历史之最的调控政策，二手住宅价格在 2011 年 5 月到达历史高峰之后，未能逃脱调控的影响转势向下，在历经长达 9 个月的持续下跌后终于在 2012 年 3 月得以小幅抬头，而后几个月都保持在低位徘徊。

图 5-4 CLI 深圳二手住宅价格指数月度走势（2009—2012 年 6 月）

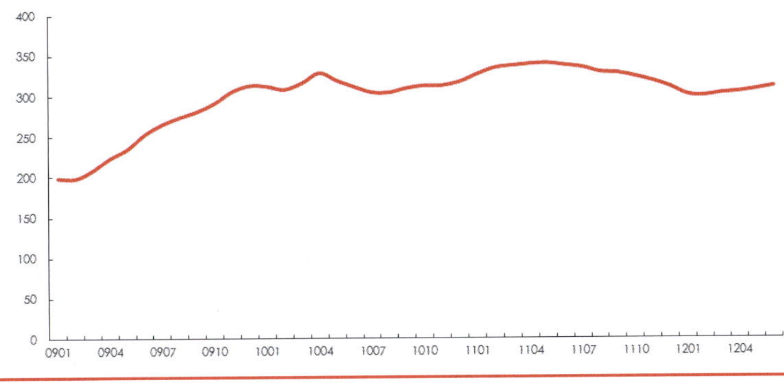

数据来源：深圳中原市场研究部

5.4 限令抑投资 刚需渐入市

5.4.1 刚需持续增加 首改渐露端倪

从 2012 年上半年成交物业的总价分布来看，80~200 万以内的物业成交占比达 60%，全市半数以上的成交都为低总价刚需楼盘，其中尤以 100~150 万之间的物业最为突出，占比超 3 成，而且增幅最为明显，另外一个增幅明显的为 150~200 万之间的物业，占比也近 2 成。而 300 万以上的豪宅占比则出现较为明显的回落，其中 500 万以上的物业更是寥寥可数。

从单价来看，历来价格在 10000~30000 元 /m^2 的物业都占据市场的主导，而 2012 年上半年的期间的物业成交占比继续有所增加至 86%，其中价格为 10000~15000 元 /m^2 的典型刚需物业持续增加。随着上半年成交量和市场预期的不断向上，除却之前的刚性需求积极入市之外，部分改善型需求客户也在 5 月始择机入市，20000~30000 元 /m^2 之间的物业在经历了下半年的沉寂之后，开始跃跃欲试，成交占比在今年上半年有所复苏。然而 30000 元 /m^2 以上的豪宅物业却与大势迥异，成交仍陷低迷之中。

图 5-5 深圳市二手住宅成交总价和单价分布（2011—2012 年）

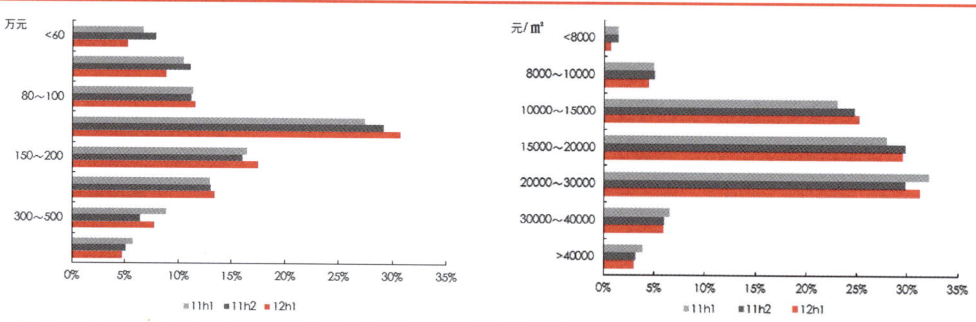

数据来源：深圳中原市场研究部

5.4.2 深圳本地客户持续充当主力军

根据深圳中原三级市场成交数据结果，从 2012 年上半年成交的客户户籍分布来看，持有深圳本地户籍的客户成交占比从去年下半年以来一直持续增加，到今年上半年成交占比已达 6 成。限购令的持续把大批非深户的客户挡在门外，虽然随着一年期满，部分客户获得购房资格，但是从入市的表现来看，非深户由于仅有一套房票，因此入市仍较为谨慎，毕竟限购之禁令非能在短期内得以解禁。

图 5-6 深圳市二手住宅成交客户户籍分布（2011—2012 上半年）

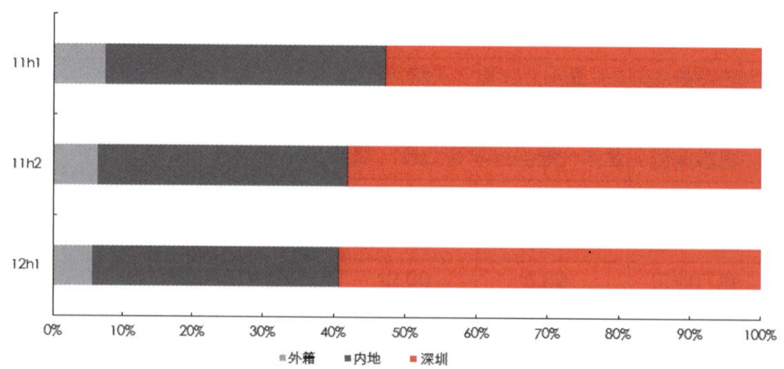

数据来源：深圳中原市场研究部

5.4.3 刚需自住为主 投资客渐离场

根据深圳中原三级市场成交数据结果，从成交物业的用途分布来看，自住客户占比从 2011 年上半年以来一直持续大幅增加，到 2012 年上半年已经超过 9 成，持续两年多的严厉调控政策一方面要促进房价合理回归，另一方面则是要抑制投资炒作行为，从这方面看，调控目的已趋实现。

图 5-7 深圳市二手住宅客户置业目的占比情况（2011—2012 上半年））

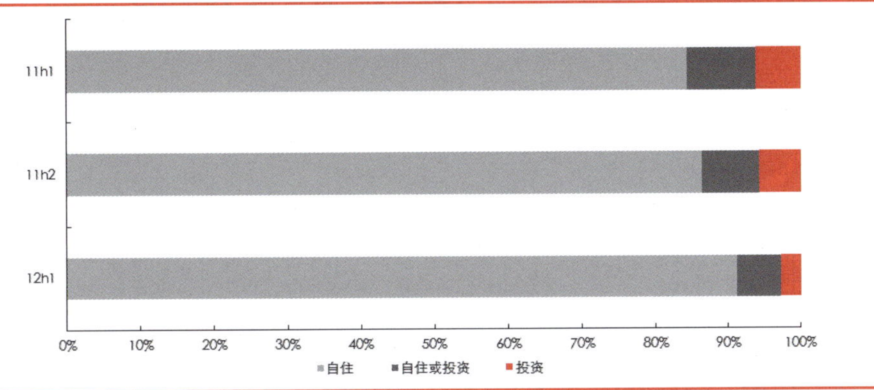

数据来源：深圳中原市场研究部

5.5 租售交易互补 租金先抑后扬

历史经验证明，买卖和租赁市场成交量向来成互补的关系。根据深圳中原三级市场成交数据显示，由于 2011 年下半年“7.11”二手评估征税过户政策的出台，买卖市场降至冰点，而租赁市场一度成为三级市场的成交主力，大部分客户转卖为租，观望等待，而进入 2012 年上半年，买卖市场各方开始躁动，租赁成交渐渐退出主战场。

图 5-8 深圳市二手住宅每月买卖租赁成交套数占比情况（2011—2012 上半年）

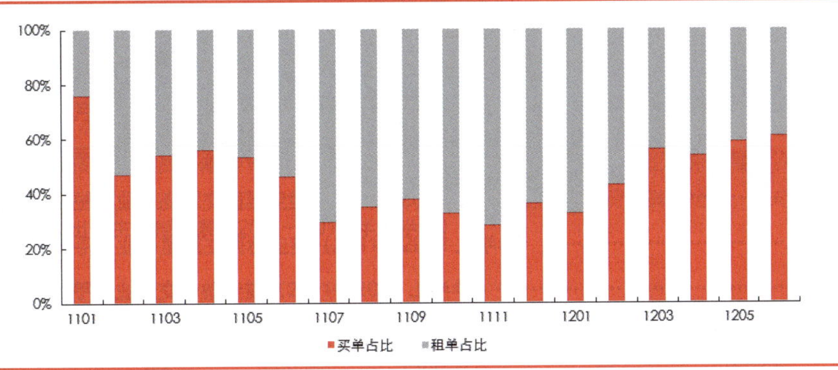

数据来源：深圳中原市场研究部

根据深圳中原三级市场的成交数据显示，租赁价格在经历了 2011 年下半年的一波震荡回落后，于 2012 年上半年开始出现逆转上扬的局面。一方面，节后返城人流的增加是造成年初租金上涨的直接原因，每年春节后都会迎来来自置业者和租客换房需求的集中释放，由此会引发新一轮的租金增长。另外一方面随着城市更新的逐渐推进，城中村面临着数量急剧萎缩的现实，关内幸存的城中村早已悄然借机涨价，而关外随着新房供应增加带动的周边配套及地铁交通的逐步完善，关外的物业也随着部分关内租客的外移顺势涨价。

图 5-9 深圳市租赁成交各月租金走势图（2011—2012 年）

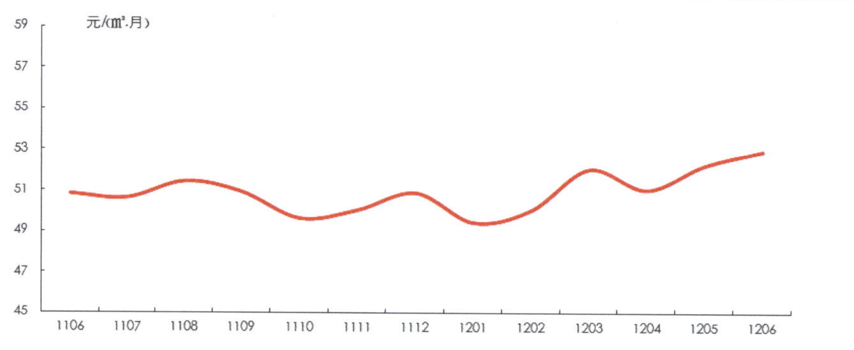

数据来源：深圳中原市场研究部

5.6 调控难转向 微调利刚需

楼市的量价企稳虽然来的比预期要早，但是却是得益于中央应对经济疲弱危机的宽松金融政策。当前整体宏观经济持续不景气，金融政策有进一步宽松的空间，利率也进入了下降周期，这对于首套置业者来说将有进一步的推动作用，二手成交量有望继续回升。然而，由于房地产宏观调控的决心不可能动摇，限购政策短期内不可能有任何转变，所以下半年成交量没有爆发性增长的可能性，下半年将在目前回温的成交量水平下持续稳中有升。

而成交价格方面，开发商的资金链和库存压力并未有丝毫好转，虽有部分开发商小幅涨价，但也是对前期降价的回调，主流开发商仍将继续以价换量来释放资金紧张和库存高企的压力，新房市场价格下半年将有进一步的阶段性盘整，这将必然对二手住宅市场的价格回升造成压力。此外，由于限购政策的持续，市场主力仍以刚需和改善型需求为主，而缺乏投机和投资者的房地产市场出现暴涨暴跌的可能性非常小。因此可以判断，二手住宅价格自 2011 年底至 2012 年上半年基本完成筑底过程，预计下半年价格将在底部盘整的基础上出现小幅回调。

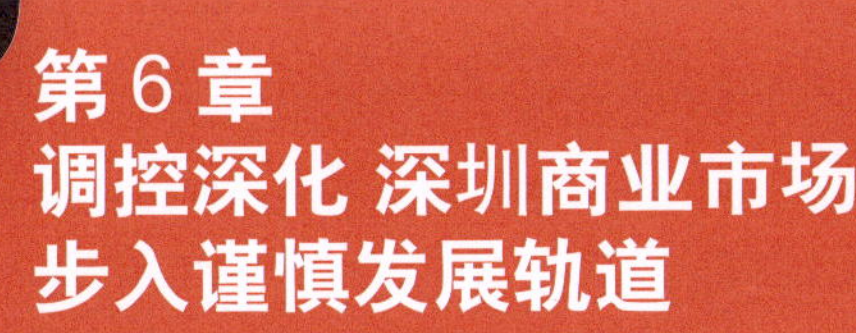

第 6 章 调控深化 深圳商业市场步入谨慎发展轨道

2010 年的住宅调控一度为商业市场带来一波发展行情，一时间商业市场因不受政策调控，而成为诸多投资资金的目标，商业物业销售火爆，售价也一路攀升，行情一直延续至 2011 上半年。然而，随着调控不断深化，以及全球经济环境恶化，国内通货膨胀不止，投资者的乐观情绪逐渐收敛，投资信心受挫，投资行为也越发理性和谨慎。楼市调控的持续和升级，将商业市场带入了谨慎的发展轨道。

6.1 商业批售受累于住宅市场

受调控影响，开发商的观望情绪较浓，许多项目的入市时间推迟，导致近年的住宅供应较为低迷，而作为一手商业主要类型的社区商业也受累于住宅市场，批售量下滑。2011 年，深圳一手商业物业的批售量为 27.95 万 m^2，比 2010 年减少 41%， 2012 年上半年商业的批售量为 13.82 万 m^2，约为 2011 年的一半，批售规模与上年相当。

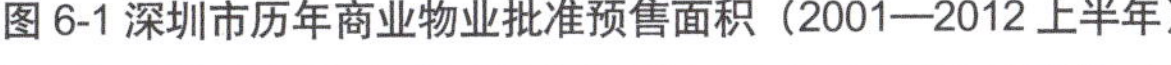

图 6-1 深圳市历年商业物业批准预售面积（2001—2012 上半年）

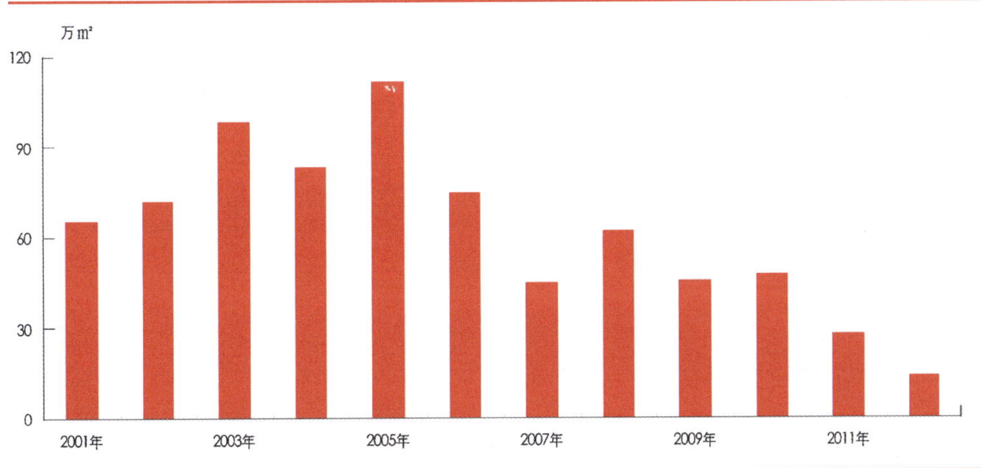

数据来源：深圳市规划和国土资源委员会、深圳中原市场研究部

从各月的批售量看，2011 年的批售高峰在年中出现，但与 2010 年的批售高峰 13.84 万 m^2 相比，有较大差距。2011 下半年，商业批售处于平缓状态，2012 年初供应市场更现低迷，直至 4 月批售才略见起色。

图 6-2 深圳市各月商业物业批准预售面积（2010—2012 上半年）

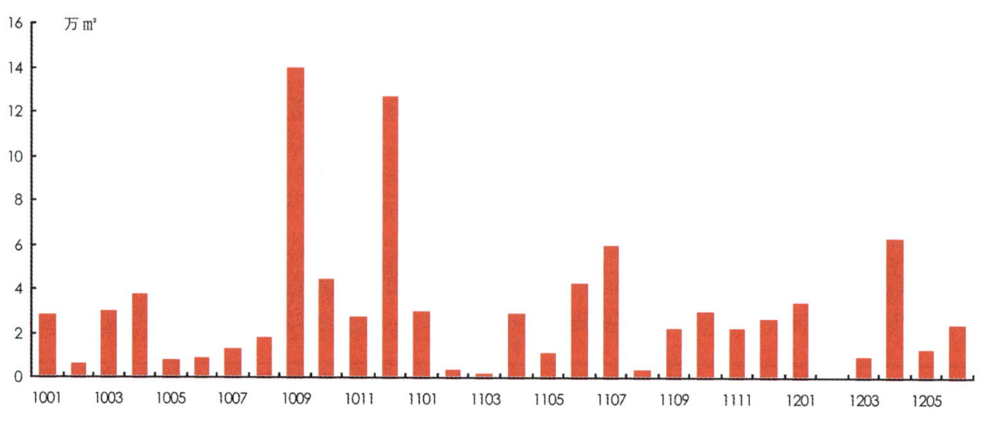

数据来源：深圳市规划和国土资源委员会、深圳中原市场研究部

6.2 调控令商业成交出现分化

调控政策对商业市场的影响在 2011 年形成反差，上半年商业市场还是众多投资者争相进入的领地，然而下半年随着调控升级，尤其在二手住宅按评估价征税实施以后，投资者信心受到重挫，观望气氛逐渐笼罩市场。一手市场上 2011 年没有延续 2010 年环比增长的趋势，全年成交一手商业 12.32 万 m^2，环比减少 24%，2012 上半年成交 4.93 万 m^2，仅为上年成交体量的 4 成，一手成交形成逐步下探的态势。

图 6-3 深圳市一手商业年度成交面积走势（2001—2012 上半年）

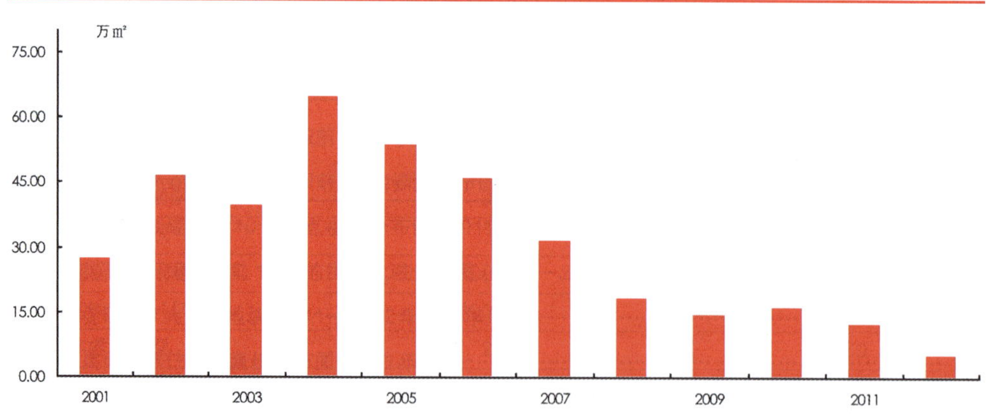

数据来源：深圳市规划和国土资源委员会、深圳中原市场研究部

从各月的成交情况中可看出，2011 年 8 月是近年一手商业成交的分水岭，之后一手商业成交趋于平缓而低迷。直到 2012 年 3 月，随着住宅市场的逐渐转暖，一手商业成交才渐有起色。

图 6-4 深圳市一手商业月度成交面积走势（2010—2012 上半年）

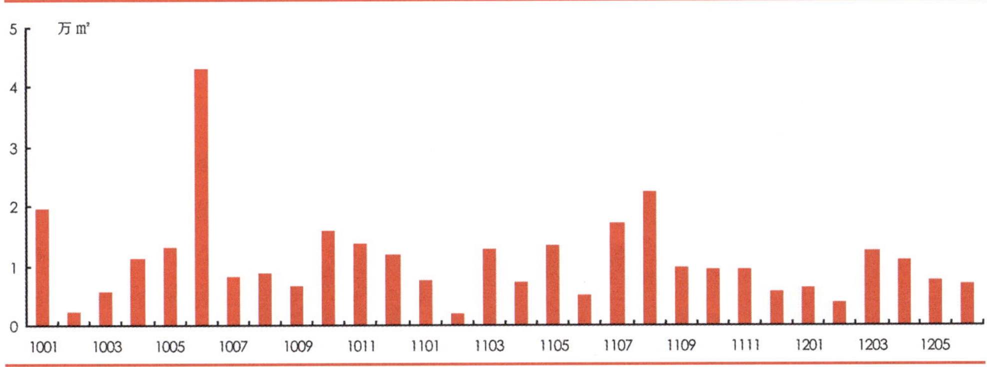

数据来源：深圳市规划和国土资源委员会、深圳中原市场研究部

相对于一手市场，二手市场能更加明显地反应出市场变化。2011 年的深圳二手商业市场，以 6 月为分界线，上半年全市成交以上升走势为主，而下半年逐渐进入下降轨道。步入 2012 年，市场依然处于商业投资的冰冻期，但随着地方微调的举动不断，以及银行降息、降准对投资者信心的修复，市场预期逐渐转好，二手商业成交从低迷中逐渐攀升。

图 6-5 深圳市二手商业月度成交面积走势（2011—2012 上半年）

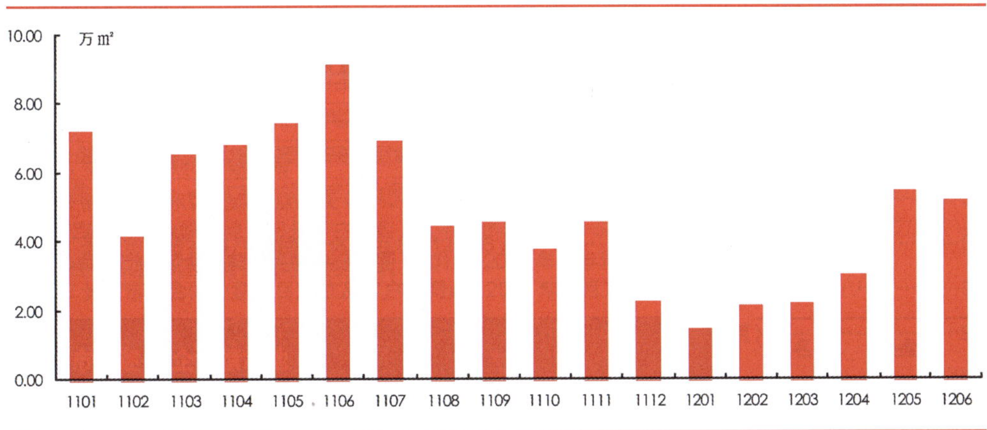

数据来源：深圳市规划和国土资源委员会、深圳中原市场研究部

6.3 价格上涨动力不足

一手商业因在售项目少，价格易受成交物业的档次和结构影响。从 2011 年以来，除 2012 年 5、6 月受福田、南山物业的成交影响全市均价上涨至 4 万元 /m^2 以上外，深圳一手商业的主要价格区间在 3~4 万元 /m^2，价格波动较为平缓，调控初期为商业物业价格带来的上涨动力已不复存在。

图 6-6 深圳市一手商业成交价格走势（2011—2012 上半年）

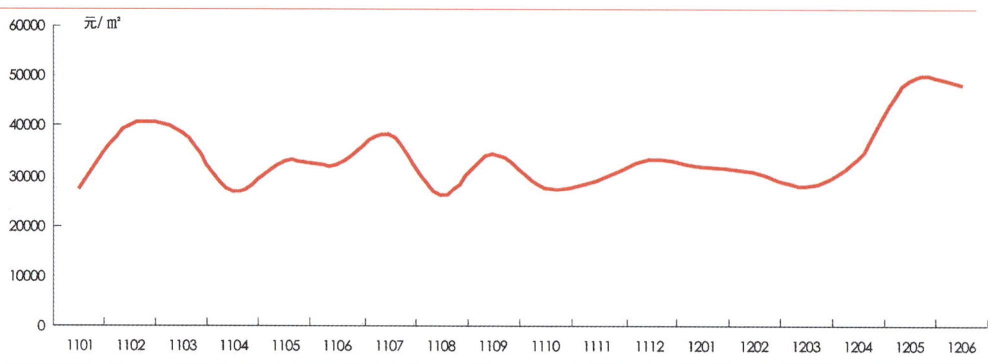

数据来源：深圳市规划和国土资源委员会、深圳中原市场研究部

6.4 商业市场步入谨慎发展轨道

楼市调控造成市场波动，也使商业市场呈现出不同的风景，从调控出现，到调控升级，再到调控不放松的前提下降息、降准以及微调预期出现，商业投资由热转淡，又逐步好转，政策不断牵动着商业市场的神经。然而，经历了这一切变化，商业投资市场上盲目和狂热的心态已大为收敛，商业市场已步入谨慎发展轨道。加上中央不断强调调控政策不放松，国内外经济形势也不容乐观，未来还有商业物业将按评估价过户征税的可能，商业市场将继续在谨慎中前行。

第 7 章
政效扩散
深圳写字楼步入下行通道

7.1 概述

2011 年 7 月 11 日，深圳市开始对二手住宅按评估价征过户税，这对于已开始限价限购限贷的楼市无疑是“雪上加霜”，从之后的成交情况来看，“7.11”毫无疑问可称为楼市由盛而衰的一个拐点。随着二手住宅逐渐走向低迷，一手住宅市场也笼罩在前景难料的迷雾之中，而写字楼市场在经济增速放缓的大趋势下与盛市渐行渐远。2012 年一季度深圳 GDP 同比增长仅为 5.8%，比全国低 2.3%；而二季度全国 GDP 回落到 7.6%，创 3 年来新低。同时，全球经济危机也在悄悄蔓延，2011 年下半年开始涌现出越来越多大规模裁员的企业，其中包括知名跨国公司，而 2012 年上半年工业企业盈利能力下降、就业压力等经济下滑信号陆续凸显，中国经济迎来稳增长、抑房价并行的双重挑战。房地产市场在宏观经济中占据着举足轻重的地位，而当前正值调控的显效时期，如何延续调控成果同时保持经济的稳步增长成为政府面临的重大难题。2012 年初，存准率的下调首先拨动了楼市持续紧绷的神经，苦于财政压力的各地方政府见状，纷纷试水放松调控限令，试图挽救当地的房地产市场，但凡是触动了调控警戒线的政策松动均被叫停，仅一些金融微调未被制止。随着调控禁令的延续，市场预期逐渐见底，信贷政策的松动与开发商以价换量的营销促使了一部分刚需率先入市，一季度末楼市成交量稍见起色，市场博弈几近尾声。二季度开始，刚需开始陆续入市，住宅成交量逐渐回升，写字楼市场也紧随住宅市场的回暖多云转晴，但总体成交依然在低位徘徊。2012 年 6 月，降息的喜讯传来，令到市场信心全面复苏，但写字楼市场依赖于整个宏观经济的走向，依然未能感受到市场回暖的热潮。

7.2 供应持续攀升 库存压力增大

2011 年全国 GDP 增速为 9.2%，深圳增幅超过 10%，支柱产业对深圳经济增速功不可没，而写字楼市场也伴随着产业经济的繁荣一路向前，供应持续不断。深圳自东向西的发展规划随着新兴商务区的逐渐成熟快速展开，福田 CBD 近年写字楼供应集中爆发，几近饱和。在前海经济发展战略广受瞩目的同时，南山中心区、宝安中心区等前海经济圈覆盖的新兴商务区开始崭露头角，随着众多总部大厦即将落户前海商务区，深圳西部的写字楼供应也加快了步伐，2011 年下半年至 2012 年上半年，宝安和南山两区写字楼新增供应占比已达 3 成，仅低于成熟的商务中心福田区一成，说明写字楼市场随城市规划的西移正快步向西推进。2011 年初开始，写字楼新增供应持续上升，到 2012 年 6 月，新增写字楼供应面积创历史新高。而据不完全统计，2012 年下半年深圳写字楼潜在供应面积约 40 万 m^2，较之上半年新增供应将增长 3 成之多，由此可见，深圳写字楼市场将面临较大的库存压力。

图 7-1 深圳市写字楼供应情况（2011—2012 年）

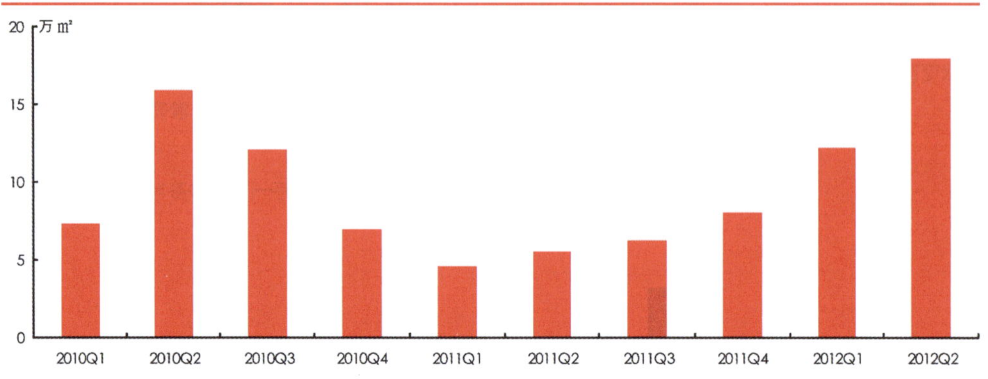

数据来源：深圳市规划和国土资源委员会、深圳中原市场研究部

7.2.1 轨道交通建设催生新兴商务区

2011 年下半年至 2012 年上半年，深圳共有 11 个写字楼项目入市销售，合计供应面积约 45.51 万 m^2。福田区依然为供应最多的区域，供应面积占全市的 44.72%。在“前海合作区”的辐射作用下，南山区的写字楼供应逐渐加快步伐，供应占比达 26.96%，仅次于福田。未来 2 年内，随着前海合作区的招商引资，将有众多企业总部落户前海地区，届时，南山区将成为继福田之后的又一中心商务区。此外，龙岗、罗湖分别有 2 个项目入市，供应量分别占全市的 14.17% 和 11.14%。

图 7-2 深圳市写字楼供应地域分布（2011—2012 年上半年）

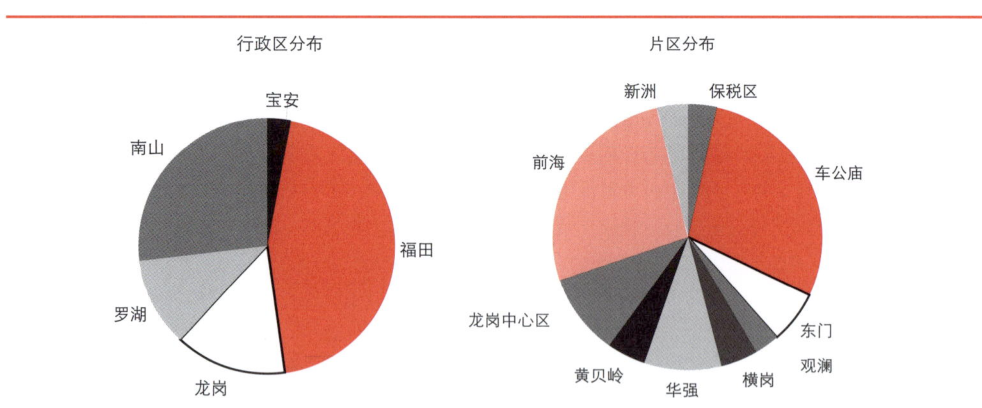

数据来源：深圳中原市场研究部

城市 Market
楼事 Story
数据 Data

2011 年 6 月末，深圳市轨道交通二期工程全面进入试运行阶段，这不仅标志着深圳正式迈入地铁时代，更使特区一体化进程取得了突破性进展。无论是住宅市场还是写字楼市场，都随着地铁时代的到来重新布局。从写字楼供应分布来看，轨道交通建设带来的最直接影响则是对多个潜在商务区的催生。首先，地铁的开通提升了“关内”次热门片区的商业地位，例如地处中心西区的车公庙片区、罗湖的东门和黄贝岭片区、南山的前海片区等，这些次热门片区都随着地铁的开通迅速升温，陆续跃入市场眼帘。其次，“关外”新兴商务区随着地铁的贯通与“关内”中心区有效联结，例如龙岗的横岗片区、龙岗中心区、以及宝安的观澜片区等，这些原本与“关内”尚有较大距离的新兴片区在高效运行的地铁联通下，摇身变成区域发展的萌芽，展现出无限的生机和可能。

图 7-3 深圳市新增供应写字楼分布示意图

资料来源：深圳中原市场研究部

7.2.2 限购令下商务公寓供应火热

由于限购令对住宅市场的冲击，2011 年上半年商务公寓这种特殊的产品开始受到越来越多的投资客追捧。作为商住两用且不限购不限贷的特殊物业，商务公寓的供应量也一度迎合市场的需求主动提升。2011 年至 2012 年上半年，深圳全市商务公寓的供应量占比写字楼总供应量高达 45.86%，而办公楼的供应占比仅为 1/4。更加值得关注的是，虽然商务公寓被定义为可商可住两种用途，但实际上这种商住两用的物业在绝大程度上只是作为被限购限贷住宅的替代品。由此看来，写字楼市场的供应结构正在受住宅产品的侵蚀，商务公寓供应占比持续占主导地位，而办公楼的供应占比则呈被边缘化的趋势。不可否认的是，需求决定供应，深圳移民城市的特点决定了其住宅需求量之巨大，而办公物业只有随产业经济的蓬勃发展才能在行业复苏中缓慢崛起。

图 7-4 深圳市写字楼物业供应类型分布（2011—2012 年上半年）

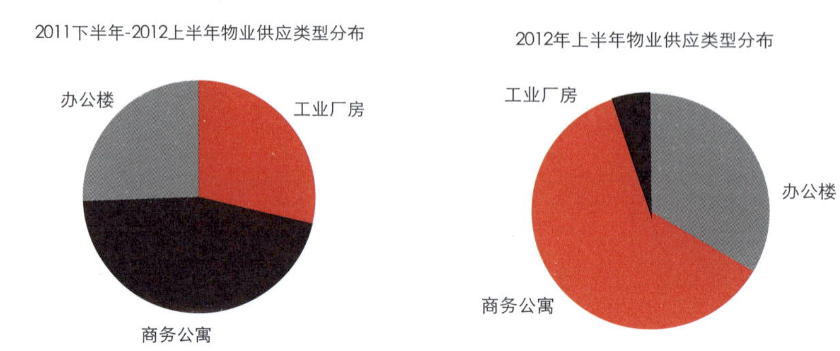

数据来源：深圳中原市场研究部

7.3 量价齐跌 险象环生

7.3.1 起伏中渐下行 逆市中求生存

2011 年下半年，写字楼市场在持续低迷的氛围中经历了“金九银十”的昙花一现，而后市场迅速回落至历史低位。2011 年末与 2012 年初成交量跌落冰冻点，令市场预期如同过山车般经历了疯狂逆转。而随之而来的 2012 年，对房地产市场的意义不言而喻。在经历 2010 年与 2011 年的多轮调控之后，2012 年初调控效果达到历史顶峰，因此年初的房地产市场一度陷入水深火热之中，而写字楼市场同样未能幸免。2012 年第 1 季度，由于市场预期的持续低迷，写字楼市场供需均创造历史低位，无论一手还是二手市场都遭遇了史上最严峻的考验，尤其是春节所在的 1 月份，一手写字楼成交量延续 2011 年底的低迷局势，成交仅为 0.55 万 m^2，创造历年来成交低位。而随之而来的 2 月份受 1 月成交低谷的影响，市场预期一路下滑，使得二手写字楼市场陷入窘境，成交低落。3 月份部分开发商为缓解资金压力，放出部分优质单位向市场推售，由于定价颇具诱惑，成交热情渐渐复燃，使得整个写字楼市场预期在第 1 季度末开始扭转。第 2 季度随着存准率的下调与调控政策向保护刚需的明显倾斜，住宅市场迅速回暖，而紧随大市的写字楼市场也随之峰回路转，再加上新增供应的陆续入市，二季度写字楼成交逐渐打开回升的局面。但与此同时写字楼的租售价格均出现下滑迹象，而成交在 6 月份再度呈现下滑，给后市带来不安的忧虑。

深圳市写字楼买卖成交情况（2011—2012 上半年） 表 7-1

	第 1 季度	第 2 季度	第 3 季度	第 4 季度	全年
成交宗数（宗）					
2011 年	387	223	1159	482	2251
2012 年	401	497	—	—	—
同比（%）	3.62%	122.87%	—	—	—
成交面积（万 m^2）					
2011 年	6.26	4.21	9.59	3.67	23.72
2012 年	2.33	5.21	—	—	—
同比（%）	-62.78%	23.75%	—	—	—
成交价格（元 /m^2）					
2011 年	31687	34218	38996	31839	35112
2012 年	35766	31853	—	—	—
同比（%）	12.87%	-6.91%	—	—	—

数据来源：深圳中原市场研究部

图 7-5 深圳市一手写字楼季度成交量走势图（2010—2012 年上半年）

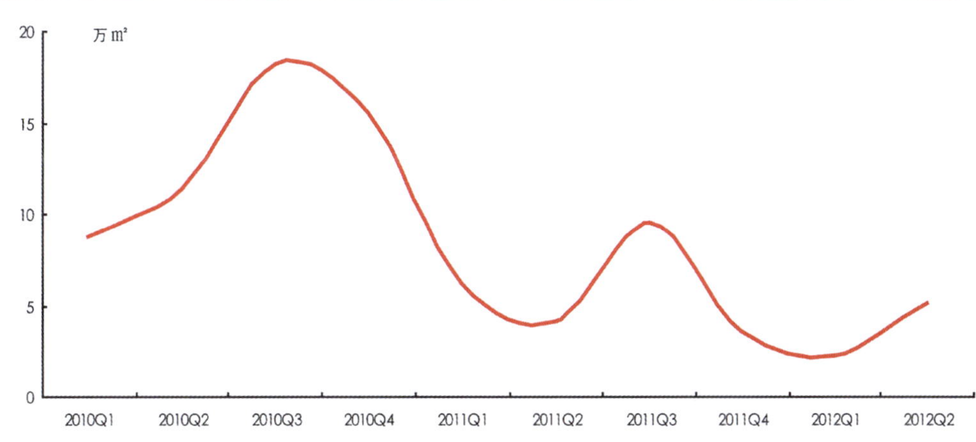

数据来源：深圳市规划和国土资源委员会、深圳中原市场研究部
注：以上数据包括办公楼，商务公寓和厂房三类物业，且为签预售合同数据

7.3.2 价格触顶回落 跌幅明显扩大

2010 年以来，写字楼成交均价持续高企，至 2011 年第 3 季度达到历史高位，于 2011 年第 4 季度开始逐渐下行。深圳的写字楼市场长期以来被投资客看好，一方面因为相较于住宅产品投资回报率可观，另一方面则是由于对后市乐观的预期，大多数投资客对其保值增值的投资价值深信不疑。然而，随着“7.11”出台之后，楼市全面进入下行通道，市场预期震荡式滑落，写字楼市场成交价格也失去了上涨的动力。除却区域性与成交结构的影响，全市写字楼成交价格一年以来下滑幅度已接近 20%。从成交租金来看，2011 年第 3 季度深圳写字楼租金水平同成交均价并行达历史峰值，2012 年上半年全市二手办公楼平均成交月租金为 135 元 /m^2，同比去年显著下滑 9.83%。2012 年以来，由于地标级写字楼卓越世纪中心 1 号楼售价低于市场预期，对整个写字楼市场产生了较大的价格辐射效应，因此部分业主开始调整心理价位，至 2012 年第 2 季度全市写字楼成交租金已较历史高位下滑 22%。

图 7-6 深圳市写字楼成交价格走势图（2010—2012 年）

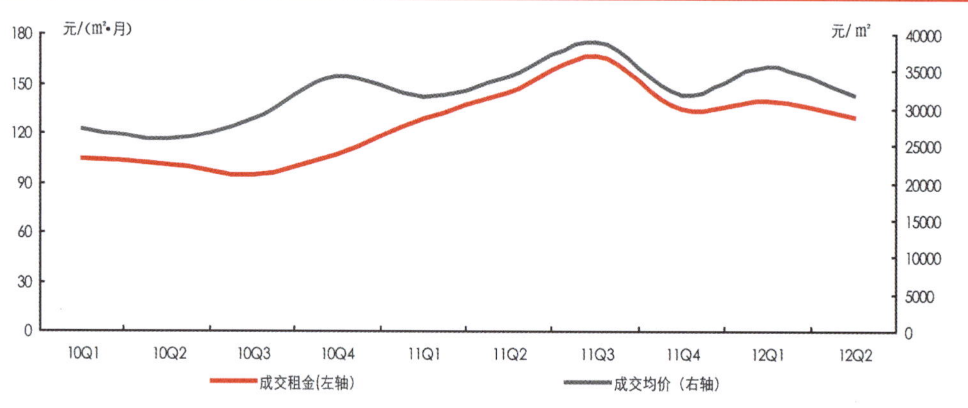

数据来源：深圳市规划和国土资源委员会，深圳中原市场研究部

7.4 供应不断 前景光明

7.4.1 潜在供应量巨大 福田稳坐第一把交椅

截至 2012 年 6 月底，统计到的深圳市一手写字楼的存量为 76.29 万 m^2，同比去年增长 66.94%。据深圳中原市场研究部统计，2012 年下半年深圳写字楼潜在供应面积约 40 万 m^2，其物业类型主要以办公楼为主。从区域分布来看，福田区依然为一手写字楼的主要供应区域，潜在供应面积约 20 万 m^2，占比近一半；而南山作为商务办公的新兴区域写字楼供应逐渐增多，其潜在供应面积约为 14 万 m^2，占比约 35%，预计 2013 年南山区将迎来写字楼供应的集中爆发期。宝安区虽然今年下半年无办公项目入市，但由于其地处前海区域的战略规划之内，写字楼市场的发展空间不可小觑，长期来看，宝安区将成为写字楼市场的后起之秀。而龙岗的供应多以工业厂房或商务公寓为主，主打中低端产品，下半年潜在供应面积约 5.1 万 m^2，由于城市与城际轨道交通的不断完善升级，龙岗区的区位优势日益凸显，或将成为深圳未来写字楼市场成长的摇篮。此外，盐田区也将供应 2.5 万 m^2 的商务公寓。

图 7-7 深圳市写字楼潜在供应项目分布示意图（2012 下半年）

数据来源：深圳中原市场研究部

7.4.2 信贷宽松刺激写字楼市场走向复苏

受欧债危机蔓延、国内经济增速放缓等宏观经济环境影响，2012 年开年以来，国内金融政策多次微调，从存准下调到降息，短短半年之内信贷环境得以显著改善，而楼市预期也随着金融政策的微调一路回升，市场激情复燃，买方和卖方展开新一轮的深度博弈，写字楼市场也在如火如荼的住宅市场喧闹声中缓慢苏醒过来。中国经济增速放缓使得中央政府开始思考新的经济政策，下半年不排除进一步释放流动性，届时有可能进一步放松当前的信贷环境。外围不甚明朗的经济背景令国内较多的实体经济受到影响，而楼市在调控引导下进一步向稳健可持续的路径发展，这更加强调了房地产市场资金避险的重要地位。预计下半年写字楼市场将随着信贷政策的进一步宽松有所回暖，另外，持续充足的供应也会带动一部分自用企业或投资者入市，而写字楼的租金和售价则会在较长时期内保持相对稳定的水平。

7.4.3 支柱产业托起写字楼市场未来

近两年，在政府推动下，深圳的经济规划与产业战略布局逐步落实，尤其是高新技术、金融服务、现代物流、文化产业等 4 大支柱产业的蓬勃发展，使写字楼市场如沐春风。据官方数据，2011 年全市支柱产业中，高新技术产业增加值 3738.00 亿元，增长 22.2%；文化产业增加值 771.00 亿元，增长 21.0%；物流产业增加值 1122.36 亿元，增长 14.9%；金融业增加值 1562.43 亿元，比上年增长 8.6%。其中高新技术产业增长速度最快，文化产业次之，金融服务与物流产业也释放出较为显著的发展潜能。

据深圳中原成交数据，在 2010 年至今 2 年多的时间内，全市写字楼成交量中电子信息行业成交面积占比 31.02%，接近整个市场交易量的 1/3。据深圳市政府发布的数据，2010 年全年，电子信息高新技术产品产值 8963.26 亿元，占全市高新技术产品产值的 88.1%，电子信息产业成为高新技术产业的主力军。而金融行业成交写字楼面积占比 25.23%，超过整个市场交易量的 1/4。综上，高新技术与金融服务两大支柱产业共计成交写字楼面积占比 56.25%，撑起写字楼市场的半壁江山。此外，贸易、房地产、文化产业与物流等行业对写字楼的需求也居于前列。综合来看，超过 60% 的写字楼市场已被高新技术、金融服务、现代物流、文化产业所渗透，因此四大支柱产业在深圳写字楼市场中扮演的角色举足轻重，将成为未来主导写字楼市场的中坚力量。

第 8 章
福州市：土地供需持续低迷 住宅回暖后市看好

自 2011 年第三轮调控启动以来，土地市场便开始日渐萧索，于 2011 年下半年起开启了历时了近一年的"寒冬"之旅。住宅市场供求深陷低迷，断供现象频频出现，土地底价成交成为常态。2012 年上半年，在以"稳增长"为主旨的系列宏观经济调控政策出台的背景下，住宅市场成交量大幅回升，沉寂已久的土地市场活跃度亦有所提升，二季度高溢价率再现，下半年土地市场的供应量有所加大。但在限贷限购的大环境未有明显变化的情况下，土地市场"全面回暖"之说尚或言之过早。

楼市在 2011 年以"新国八条"为标志的新一轮调控中受到重创，成交量遭遇腰斩。2012 年新年伊始，在中央鼓励支持合理需求特别是首套自住需求的精神指引下，2012 年 3 月便开启了第一拨以刚性需求为主导的市场需求大量释放，住宅成交量开始出现回升。各地自 2011 年年底以来就开始出现的微调动作，愈加频繁，楼市的调控底线亦屡受冲击。2012 年上半年，在央行两度降准及连续降息的政策带动下，市场预期大大改变，2012 年 5 月成交量出现大幅上涨。在政策微调方面一直鲜有动作的福州市，也于 2012 年的 6 月悄然放宽了"普通住宅标准"，并于 6 月底大幅上调了公积金贷款额度。一系列举措之下，市场结构开始发生微妙的变化，改善性需求入市加快。预计后市成交量有望趋稳，受成交结构影响，价格或现稳中有升。

8.1 土地市场：供需持续低迷 回暖仍待时机

8.1.1 供应断层 住宅用地低调回归

在层层收紧的调控重压之下，楼市成交量的低迷使得福州市土地市场亦步步趋冷。土地供应宗数大幅下跌，2012 年 1—6 月份，福州市 5 区仅 4 宗经营性用地入市，面积 105 亩，同比大幅下跌 95%，为近 3 年同期最低值。2011 年以来楼市大力度的调控，使得开发商拿地意愿持续降低，政府也大大降低了土地出让的规模和次数。2011 年下半年以来，福州市楼市持续低迷，土地供应亦出现严重的断档现象。2012 年上半年中，土地市场曾长达 4 个月维持零供应状态。

图 8-1 福州市 5 区经营性用地供应情况（2011 年 1 月—2012 年 6 月）

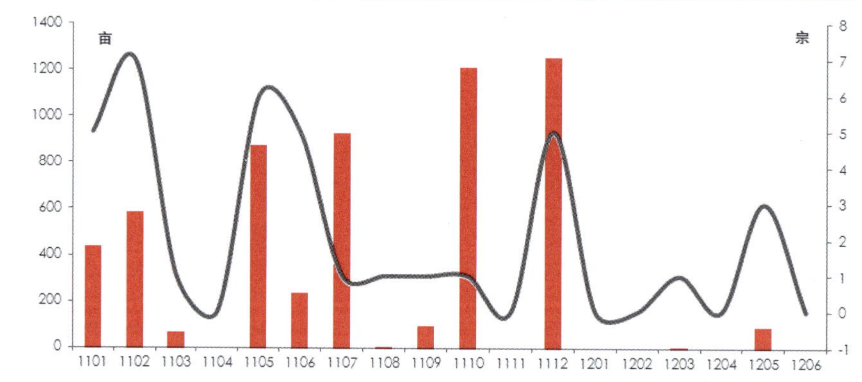

数据来源：福州市国土局 福州中原市场研究部整理

受持续不断的楼市调控政策影响，自2010年以来，福州市的土地供应呈现出以商服用地为主导的格局，纯住宅用地供应量大幅减少。2011 年，福州市 5 区供应经营性用地共 33 宗，面积约 5747 亩，其中住宅用地仅 8 宗，面积约 456 亩，仅占总供应量的 8%。

在本轮调控及步步紧缩的金融政策的强势影响下，2011 年 6 月推出的 2011-21 号位于仓山万达广场旁的住宅地块意外流拍。由此，纯住宅用地便在福州市的土地市场上销声匿迹。2012 年 5 月，在央行两度降准，市场成交量有所回升的情况下，福州市国土局再次推出了 3 幅小面积地块，试探性出让。其中一幅为 2011 年遭遇流拍的 2011-21 号住宅用地，该地块经历两度调价，出让底价下调约 23%。政府意欲通过此地块带动住宅用地市场信心的意图由此可见一斑。这也是住宅用地在福州市土地市场上消失了 10 个月后再次低调回归。

图 8-2 福州市经营性用地供应情况对比（2010—2012 年上半年）

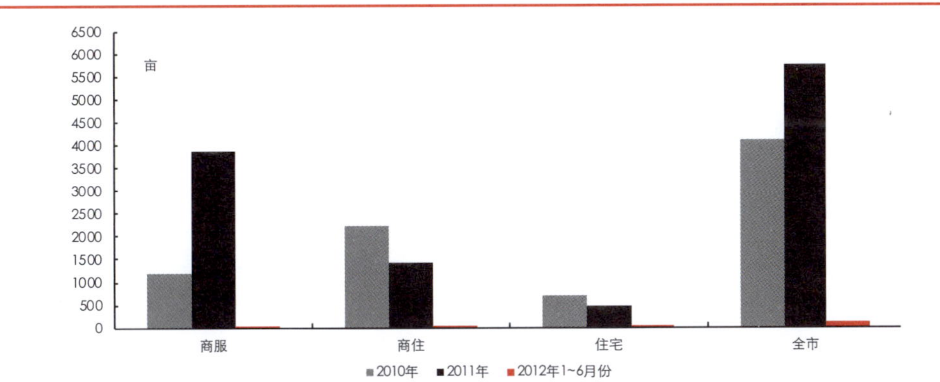

数据来源：福州市国土局 福州中原市场研究部整理福州中原市场研究部整理

8.1.2 需求触底 小地块试水生机重现

2010 年国家针对楼市的首轮调控启动以来，福州市土地市场的流标现象就开始频现，近 2 年的流标率均保持在 10% 以上，并略微呈现逐年上升的趋势。在供应不足的直接影响下，福州市 5 区经营性用地成交量跌入谷底。2012 年上半年累计成交经营性用地 1364 亩，同比大幅下跌 40%，其中商住及住宅用地同比跌幅最大，分别达到 93% 和 89%。

图 8-3 福州市经营性用地成交情况对比（2010—2012 年上半年）

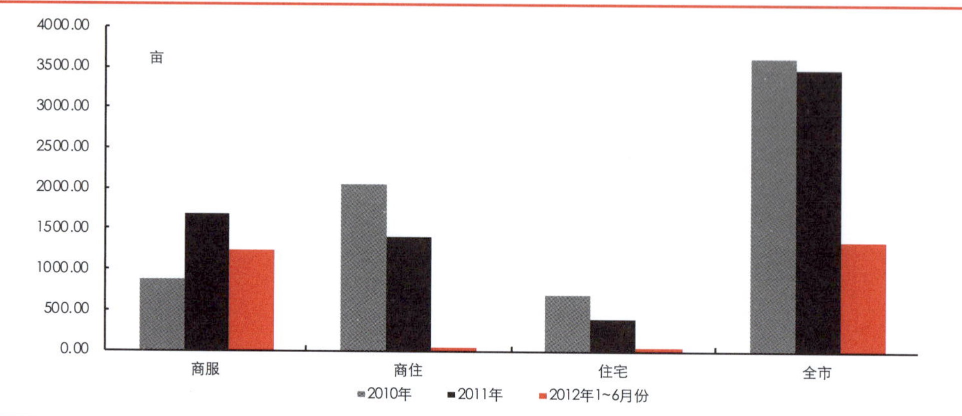

数据来源：福州市国土局 福州中原市场研究部整理

2011 年，受楼市萧条及空前紧张的金融政策影响，土地成交整体呈现出震荡下行的走势，上半年整体尚显活跃的市场，进入下半年却骤然变冷，供需双双触底。第 4 季度遭遇冰封，以零成交结束了一年的行情。2012 年上半年，土地市场仍延续了第 4 季度的萧索态势，供需断层严重，整体形势十分低迷。尽管各地微调声音不断，但在调控未有明显松动的情况下，市场供需双方取态仍保持谨慎。

图 8-4 福州市经营性用地供求走势（2011 年 1 月—2012 年 6 月）

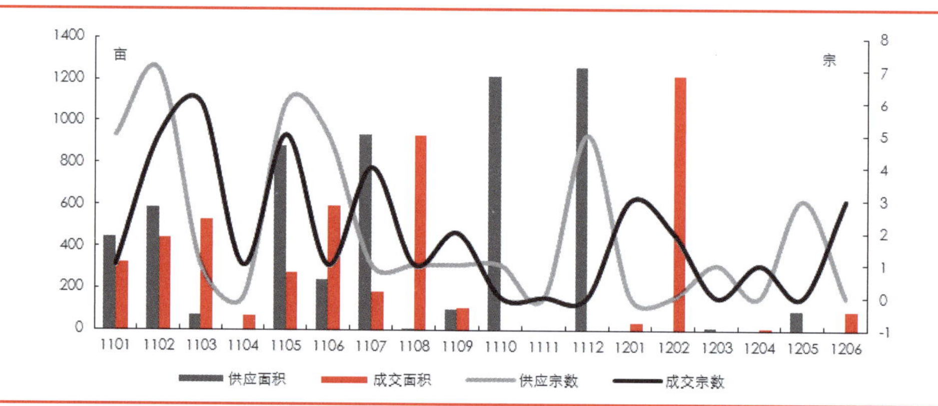

数据来源：福州市国土局 福州市中原市场研究部整理

在土地市场低迷的情况下，2012 年上半年，政府推出的土地均为小型地块，特别是二季度推出的 2 幅小面积地块，均属配套完善的成熟地段，可谓质优价廉。2 幅地块的拍卖时间恰逢年内首次降息的政策窗口期，且适逢全国楼市“红五月”，因此该地块的成交对福州市下半年的土地市场具有一定的指导意义，引来了市场的广泛关注。拍卖当天，现场氛围十分活跃，久违的多轮竞价场面再次出现，最终该 2 幅地块顺利成交。由此，土地市场近一年的沉寂被打破，生机重现。

8.1.3 价格探底 二季度溢价率破冰

2010 年以来，福州市土地市场底价成交的占比就呈现不断攀升的态势。2011 年下半年以来，底价成交几乎成了福州市土地市场的常态。2012 年二季度推出的 3 幅小面积经营性用地的拍卖，结束了土地市场持续了近一年的零溢价成交情况。最终 3 幅地块均成功出让，2012-02 和 2012-04 号地块分别以 41% 和 98% 的溢价率成交，成交现场的气氛也颇为活跃。一方面，降准、降息等一系列“稳增长”举措提高了市场的流动性，使得房企的资金紧张状况有所缓解；另一方面，各地微调政策频现，特别是“红 5 月”的出现令市场信心有所恢复。但是，由于本次成交的地块均属小面积、低总价、配套完善的地块，因此，溢价率走高亦在情理之中，这并不意味着土地市场已真正回暖。土地市场是否彻底摆脱了昔日的阴霾，仍有待进一步观察。

图 8-5 福州市土地市场底价成交占比走势（2010—2012 年上半年）

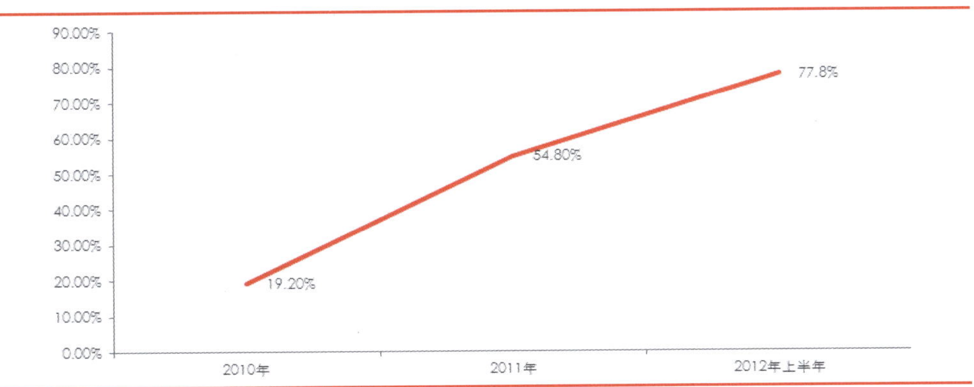

数据来源：福州市国土局 福州市中原市场研究部整理

福州市出让地块成交情况（2012 年上半年） 表 8-1

宗地编号	宗地面积（亩）	建筑面积（m^2）	楼面地价（元 /m^2）	竞得人	溢价率	成交总价（亿元）
2012-01	10.87	13041	3681	福州市鼓楼区房地产开发有限公司	0%	0.48
2012-02	58.58	89815	7081	福州市杉林地产有限公司	41%	6.36
2012-03	14.79	35503	3352	富邦实业（福建）有限公司	0%	1.19
2012-04	20.56	32890	8057	福建中茂地产开发有限公司	98%	2.65
合计	104.80	171248	—	—	—	10.68

数据来源：福州市国土局 福州中原市场研究部整理

8.2 住宅市场：微调预期增强 供应放缓需求回暖

8.2.1 刚需主导市场 成交量触底回升

2011 年，不断升级的“限贷”、“限购”政策，使得福州市楼市的成交量大幅下挫，2011 年累计成交商品住宅 175 万 m^2，同比下跌约 16%，创近 10 年新低。供应量则同比增长约 47%，去化压力明显加大。2011 年呈现出明显的供过于求的态势。调控政策在有效分离和抑制了投资投机性需求的同时，“一刀切”的政策亦波及刚需，高企的信贷门槛更严重阻碍了刚需的入市步伐。

2012 年初，国家提出鼓励和支持首套房置业者的信贷政策方向，并且在经济增速不断放缓的情况下，两度下调存准金率，使得市场的流动性有所放松，而二季度连续 2 次的降息，更为楼市注入了生机。在全国微调之风盛行的形势之下，福州市住宅成交量自 2012 年 3 月起开始触底回升，5 月成交量成为 2011 年 2 月以来的月度成交量亚军，二季度整体成交量已经接近 2011 年同期，同比仅微跌 5%。

2012 年上半年，在成交量大幅回暖的情况下，商品住宅的供应量却有所放缓。2012 年 1—6 月，全市 5 区累计供应商品住宅 101 万 m^2，同比大幅下跌约 40%。其中 5—6 月，供应量大幅下滑，再次回到年初水平。受近 2 年住宅用地供应不足的影响，下半年住宅供应仍难放量。

图 8-6 福州市商品住宅供求情况（2011 年 1 月—2012 年 6 月）

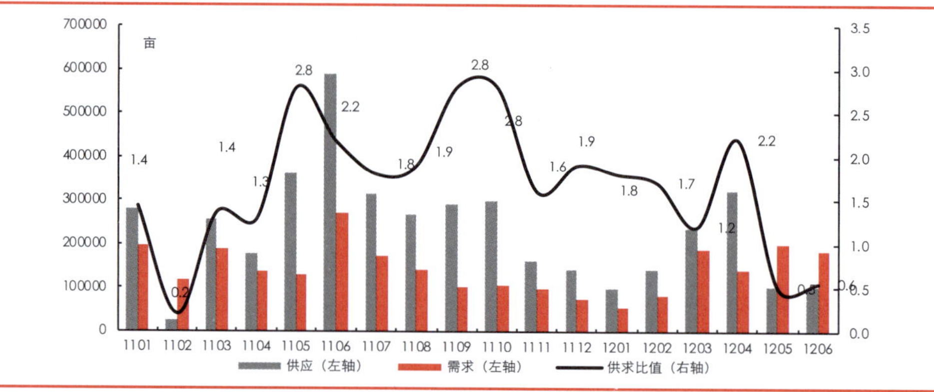

数据来源：福州市房管局 福州中原市场研究部整理

从 2012 年上半年商品住宅的成交结构来看，120m^2 以下的中小户型占成交总量的 59%，其中 90m^2 以下的产品成交占比约 30%。刚需是现阶段市场成交的主力。

图 8-7 福州市商品住宅成交结构 （2012 年上半年）

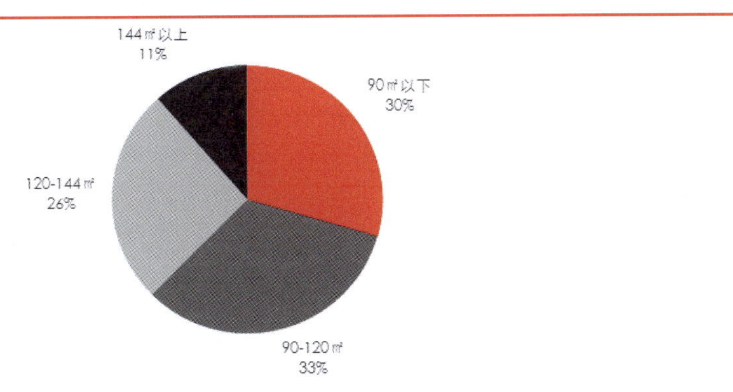

数据来源：福州市房管局 福州中原市场研究部整理

8.2.2 改需加快入市 后市量价有望企稳

在央行降息以及福州市上调公积金和“普通住宅标准”等多重利好因素的影响下，改善性需求开始活跃。从 2012 年上半年商品住宅成交结构变化来看，商品住宅产品成交由 2012 年年初的 90m^2 以下的刚需产品独大，逐步向多类型产品百花齐放的格局迈进。其中，90m^2 以下面积段的产品，一直稳定在总成交量 30% 左右的水平，波动幅度不大；90~120m^2 面积段的产品自 1 月份以来成交占比逐步攀升，至 6 月份有所回落；而 120~144m^2 面积段的产品则呈现波动下行的态势，进入 6 月份占比最低；144m^2 以上的大户型产品在 6 月份成交占比大幅提升，别墅类大面积豪宅产品的成交量有所上涨。

图 8-8 福州市商品住宅成交结构变化趋势（2012 年 1—6 月）

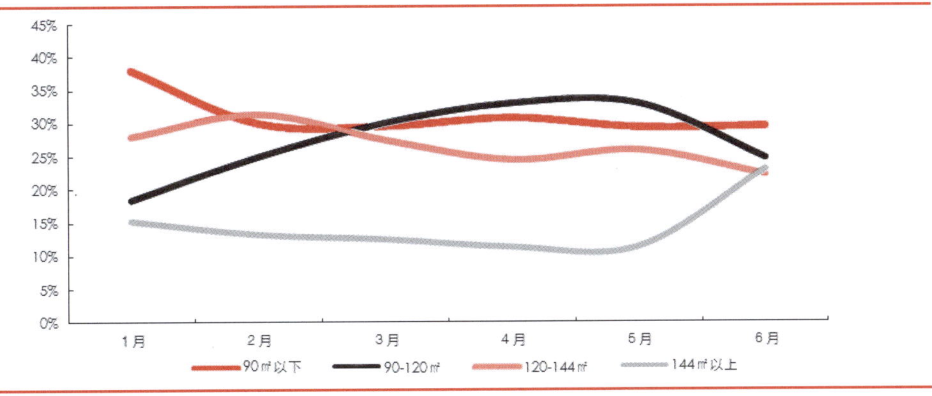

数据来源：福州市房管局 福州中原市场研究部整理

2012 年上半年，首套自住性需求的扶持政策已经基本得到落实，首置型刚需大量释放。2012 年下半年，政策在改善性刚需的层面上有所突破，改善性需求得到进一步的释放，成交量继续趋稳。受成交结构变化的影响，成交价格稳中有升。

图 8-9 福州市商品住宅成交量及均价走势（2011 年 1 月—2012 年 6 月）

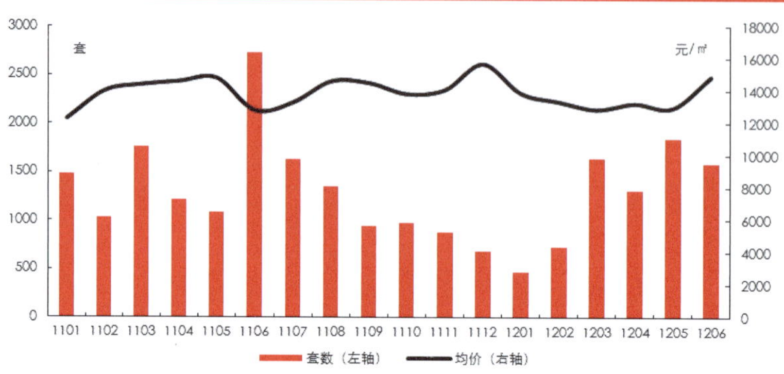

数据来源：福州市房管局 福州中原市场研究部整理

8.2.3 区域供需失衡 市场格局现变化

2011 年受调控影响，福州市 5 区的商品住宅市场一致表现为供过于求的态势。而这一情况在 2012 年上半年出现了较大的变化。从 2012 上半年 5 区的供求情况来看，供需严重失衡。仓山区一改上年供应大户的面貌，2012 年上半年累计供应量不及晋安区，供应明显不足。晋安区跃居 5 区供应量之首，2012 年上半年全区累计供应商品住宅 38.8 万 m^2，该区供应量和成交量同比均有一定程度的增长，其中供应量同比增长约 19%，成交量更同比大幅上涨约 77%。主要受该区内保利香槟国际、万科金域榕郡以及三盛国际公园等几个大盘项目持续入市成交的影响。台江区商品住宅供应则出现断档，2012 年上半年商品住宅零供应。2012 年下半年，随着区域内万科及阳光城等多个住宅项目的推出，商品住宅供应局面有所改观。但是，由于台江区近 2 年以商服用地供应为主，兼有少量商住类地块，纯住宅用地供应出现空白。预计未来该区商品住宅供应量仍将维持低位。鼓楼及马尾区 2012 年上半年仍保持供大于求的格局，然而总量仍十分低迷。

图 8-10 福州市 5 区商品住宅供求情况（2011—2012 年上半年）

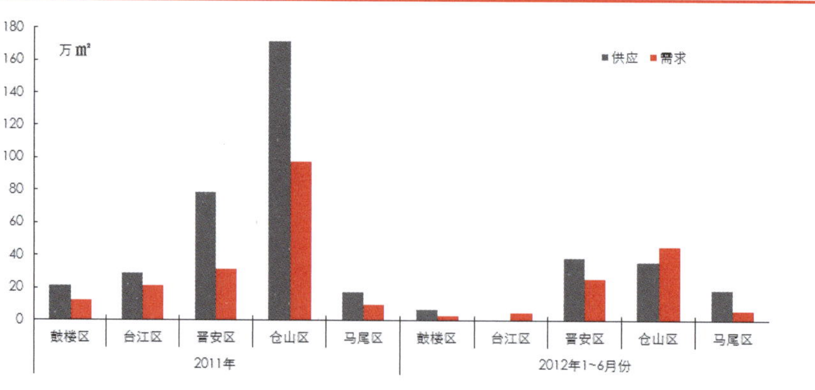

数据来源：福州市房管局 福州中原市场研究部整理

第 9 章
长沙市："U"型向上
冲破阴霾迎转机

2011 年，中国楼市调控升级，政策出台密度和覆盖面创历史之最。除了两月一次加息，及每月一次上调存准率的货币政策外，"新国八条"、"限购"、"限价"、"限贷"等政策及保障房、土地等相关措施亦频频出台。随着长沙市"限购"令、房价控制目标以及信贷收紧等政策应声落地，长沙市全年月度成交量一路向下，"金九银十"骤变"铜九铁十"。

2012 年年初，调控成效突显，各大城市价格指数持续下挫。在调控总基调不变的前提下，中央调控矛头由"全面"转向"重点"—— 给予购置首套房的刚需客户优惠利率。地方屡屡试水微调楼市，却几家欢喜几家愁。2012 年上半年，降准、降息的货币政策为处于寒冬的楼市带来一丝暖意，提振市场信心，房产行业筑底趋势渐显。在 2011—2012 年上半年的一年半中，长沙市楼市经历了从火热到低迷，再企稳回升的跌宕局面。

9.1 土地市场：供求企稳回升 热点区域备受关注

9.1.1 供应转降为升 需求增长持续上行

本次调控追溯至 2010 年 4 月，其间土地市场缓慢步入下行轨道。经历了约一年时间房产调控的洗礼，房企分化日趋加剧，资金链普遍趋于紧张。由于行业发展前景不甚明朗，开发商开始收缩战线，谨慎拿地，致使土地成交一度低迷，地市进入寒冬期。

2011 年上半年，供求双方均在调控声中寻求未来发展明路。下半年，迫于年度供地计划、财政等压力，虽然供应有所加大，但严厉的政策和紧缩的银根直接导致较多开发商惜于购地，成交下滑态势难挡。2011 年全年，长沙市市内 5 区土地供应面积约 200.4 万 m^2，同比下降约 36%，而成交面积约 154.3 万 m^2，同比下降约 45%。供求同比双双大幅度下滑，达到 2008 年以来同期最低水平。

2012 年，本轮房产调控进入第 2 个年头。与上年不同的是，中央转而出台了多项措施以刺激刚需购房者入市，在控价求稳的主基调保持不变的前提下，地方适度微调频繁。随着宏观经济增速的持续走低，中央"稳增长"的步伐愈加清晰，较为宽松的货币政策连续出台，土地市场供需势头强劲。2012 年上半年，市内 5 区土地供应面积约 89 万 m^2，同比增长约 27.44%，而成交面积约 82 万 m^2，同比增长约 43.98%。

9.1.2 各区冷热不一 热点区域备受追捧

从土地供求的区域来看，各区升降互现，其中岳麓区和雨花区交投最为活跃。依托自身得天独厚的发展优势，自 2010 年起，岳麓区土地供求一直居于长沙市各区之首。2011 年，岳麓区以 89.4 万 m^2 的土地面积和 254.7 万 m^2 的建筑面积远超于其余 4 区。2012 年，2 区逆市上行，合计成交量达到 5 区总量的 95%，其中岳麓区更胜一筹。

热点区域备受追捧，是 2011—2012 年上半年，淡市中的一抹亮彩。其间，耳熟能详的几大火热片区时刻闪现于土地市场：

“梅溪湖片区”—— 2011 年共成交 7 幅地块，平均楼面地价达 2227 元 /m^2。2012 年上半年，成交 1 幅地块，楼面地价亦超过 2000 元 /m^2。目前，该区域仍存有大量待开发土地，随着地铁轨道逐步完善，区域配套逐渐成熟，未来必将成为各大名企必争之地，区域地价将随着市场的成熟逐步上扬。

“洋湖垸片区”—— 2011 年共成交 4 幅地块，平均楼面地价达 2662 元 /m^2。2012 年上半年，成交 4 幅地块，平均楼面地价约 1714 元 /m^2，该区域也是几大热点区域中唯一溢价成交的区域。片区内拥有华南区最大的湿地公园，优美的自然风光，浓郁的人文气息，为打造长沙市新兴生活圈提供了丰厚基础。

“滨江新城片区”—— 2012 年上半年成交 3 幅地块，平均楼面地价约 2230 元 /m^2，是几大热点区域地价最高的区域。该片区处于大河西先导区的核心发展区，占据长沙市向西发展的桥头堡位置。各大品牌开发商云集于此，绿地、奥克斯、世贸、万科、恒大等知名房企均已先后进驻，开发项目以综合体居多。该板块未来发展潜力巨大。

图 9-1 “梅溪湖片区”、“洋湖垸片区”及“滨江新城片区”位置

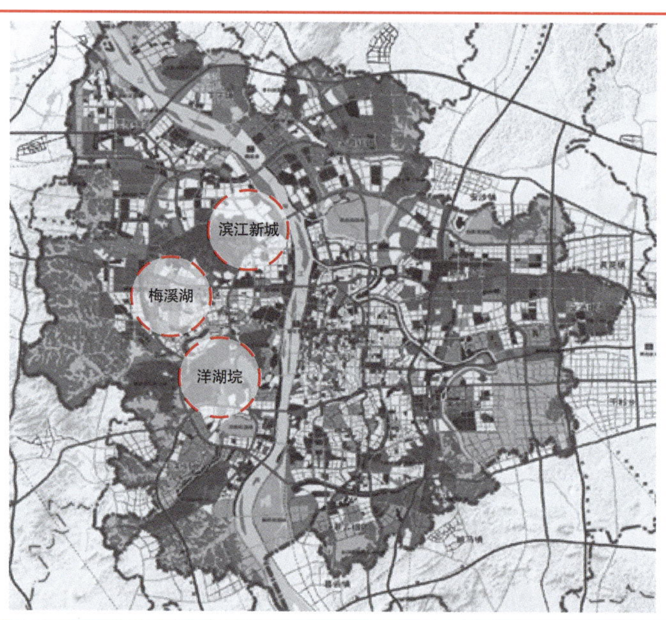

数据来源：湖南中原研究部

随着“十二五”规划的确立，2020 年构建千万级人口的大都市概念将带动周边区域价值飞速提升。从土地成交量来看，2011 年，周边“三县一区” 区域出现较大幅度上涨，长沙县和宁乡的土地成交面积甚至高于市内 5 区的总量。2012 年上半年，周边区域的土地供求量与市内 5 区总量基本持平。就价格来看，4 地涨跌互现，但是总体仍处于较低水平，与相对发展成熟的市内 5 区尚有一定差距。

9.1.3 地价整体下滑 局部难掩上涨之势

2011 年，土地市场竞争颇为激烈，溢价成交比例较高。虽然下半年走势逐步趋冷，全年平均溢价率依然高达 39%，创 2008 年以来的新高。市内 5 区平均楼面地价达到 3082 元 /m^2，同比上涨约 90.5%。

2012 年年初，楼市表现低迷，开发商或因持币观望，或因资金短缺，相继收缩战线，转而采取稳健的发展策略。受此影响，多数热点区域的地块均以底价成交，导致上半年地价全面下滑。其中，2012 年上半年市内五区平均楼面地价约为 1506 元 /m^2，同比下降约 59% 。在一片跌声中，唯岳麓区独涨。同期，岳麓区平均楼面地价约为 1956 元 /m^2，同比上涨约 9.5% 。成交土地集中在 3 大热点板块，楼面价普遍高于 2000 元 /m^2。

9.1.4 抢滩三湘大地 外来房企快速扩张

近年来，多个品牌实力开发商先后进驻长沙市淘金。其中，长房集团拥有项目最多，强势雄踞长沙市 4 区。截至 2012 年 6 月数据，其 11 个项目中 7 个已售罄，4 个在售。万科，业内第一品牌，以品质赢得客户。其进军长沙，彰显大气。截至 2012 年 6 月数据，其 9 个项目中 2 个已售罄，4 个在售，3 个筹建中。筹建项目均位于湘江两岸的优势位置。九龙仓、保利、恒大、五矿、绿地、绿城、华润、万达、北辰、复地、中海、世茂、华远等实力房企更是群雄竞技，逐鹿长沙，且占据黄金地段，以高端项目入市，全面推进了城市化进程和房产行业发展。其中，2011 年初九龙仓高价竞得一幅商业用地，楼面地价高达 8052 元 /m^2。而 2011 年楼面地价最高的商住用地则被复地收入囊中。

9.2 新房市场：成交触底回升 后市价格有望维稳

9.2.1 供求双双遇冷 调控成效逐步显现

2011 年，在以“限购”为核心的房地产市场调控下，长沙市房地产市场调控成效初步显现。与 2010 年相比，投资投机需求已得到有效控制，长沙市商品住宅市场供求双双遇冷。总体来看，调整、回归是“限购”下房地产市场变化的主要特征。目前，全市处于城市化进程加速发展时期，土地供应较为充裕，自住需求和改善性需求相对旺盛，市场潜在需求依然较大。在政策预期平稳下，2012 年成交量逐步回升。

2011 年长沙市 6 区新建商品住宅供求比约为 1.04，相较于 2010 年，调控成效显著，同时开发商的库存压力亦显著增加。2012 年一季度，受到市场前景不明朗预期，开发商普遍看空市场，锐减供应。进入 2012 年第 2 季度，各种利好信息频传，重振市场信心。受此影响，供应量环比增长明显。

图 9-2 长沙市 6 区新建商品住宅供销走势 (2010 年 1 月—2012 年 7 月)

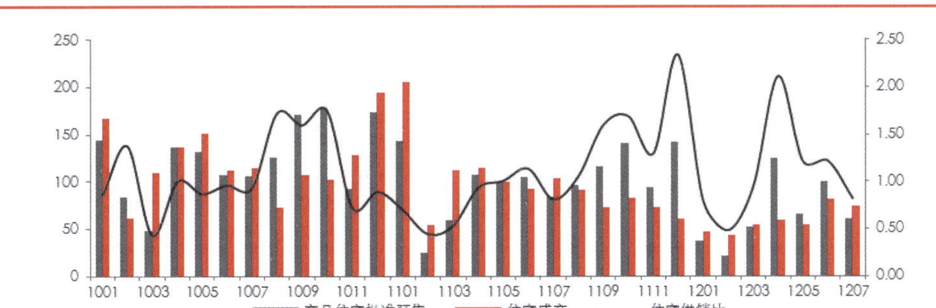

数据来源：湖南中原研究部

9.2.2 供应随市而变 岳麓雨花雄踞前列

2006 年以来，长沙市新建商品住宅供应量呈迅猛增长之势。2011 年，长沙市 6 区新建商品住宅供应约 1207.49 万 m^2，同比下降约 20% 。2012 年，尽管第 2 季度各月，新建商品住宅新增供应同比均有不同幅度上涨。然而，总体来看，上半年新增供应萎缩显著，仅约为 398.25 万 m^2，同比下降约 26% 。

图 9-3 长沙市 6 区新建商品住宅供应趋势 (2010 年 1 月—2012 年 7 月)

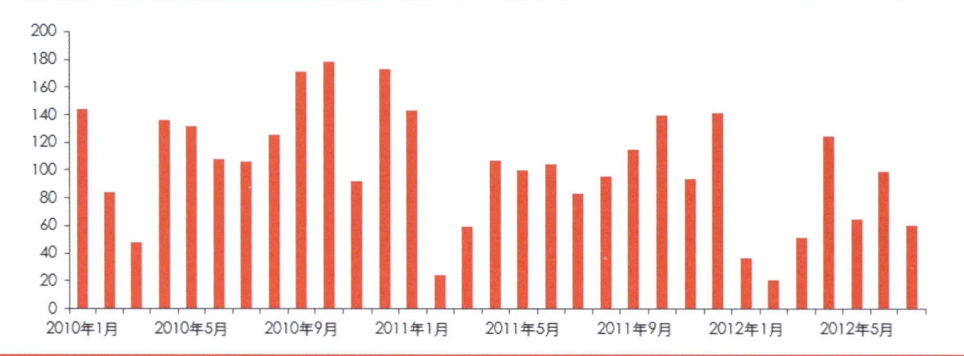

数据来源：湖南中原研究部

各区因经济、交通等发展程度各异，新增供应分布不均。其中，岳麓区和雨花区供应量长期居于全市前列。而芙蓉区和天心区供应相对偏少。2012 年上半年，雨花区供应量最大，达 144.76 万 m^2，与上年同期基本持平。而芙蓉区供应最少，仅 15.15 万 m^2，同比下降超过 6 成，是长沙市 6 区中降幅最大的区域。

9.2.3 成交触底回升 复苏迹象逐步显现

2011 年，长沙市六区新建商品住宅成交约 1158.75 万 m^2，同比下降约 20.42% 。2012 年上半年，成交约 338.47 万 m^2，同比下降约 50% ，成交量大幅缩减。2012 年月度成交量虽同比下滑，但 2 月份以来成交量呈逐月小幅攀升，复苏迹象开始显现。成交户型中，60~120m^2 的套型最受市场青睐，为供销主力户型，占比近 60% 。

长沙市 6 区新建商品住宅各类套型供销情况 (2012 年上半年) 表 9-1

户型	供应（套）	比例	成交（套）	比例	供销（套）	供求比
≤ 60m^2	7012	17.42%	2441	7.78%	4571	2.87
60-90m^2	11504	28.58%	8842	28.19%	2662	1.3
90-120m^2	11572	28.75%	10136	32.32%	1436	1.14
120-144m^2	7120	17.69%	5721	18.24%	1399	1.24
＞ 144m^2	3046	7.57%	4221	13.46%	-1175	0.72
合计	40254	100.00%	31361	100.00%	8893	1.28

数据来源：长沙市房产研究中心 湖南中原研究部

供应锐减，房企疲于推盘是影响成交的主要因素。2011—2012 年上半年，长沙市 6 区一手住宅成交集中于雨花区和岳麓区。2012 年上半年，岳麓区新建住宅成交约 90.33 万 m^2，同比下降约 37%，跌幅为 6 区中最小。然而，随着地铁及轨道交通趋于完善，梅溪湖、滨江新城、洋湖垸及高铁新城等热点区域逐渐成熟完善，预计未来雨花区和岳麓区仍将是供求大区。

9.2.4 价格稳中有升 后市有望继续维稳

长沙市住宅均价在中部 6 省省会城市中一直处于价格“洼地”。2011 年长沙市 6 区新建商品住宅均价约为 5598 元 /m^2。其中，前 3 季度调控政策对整体均价影响有限，价格维持平稳波动。至第 4 季度，部分房企调整战略，择机“以价换量”去库存，价格有所下滑。

2012 年，长沙市一手住宅价格呈现出“稳中有升”的趋势。2012 年上半年，一手住宅成交均价约为 5809 元 /m^2，同比上涨约 12.53%。

长沙市 6 区新建商品住宅成交均价分布 (2012 年上半年)　　表 9-2

价位段	成交（套）	比例 (%)
≤ 3500 元 /m^2	3660	11.67
3500~5000 元 /m^2	6840	21.81
5000~6000 元 /m^2	7176	22.88
6000~7000 元 /m^2	7909	25.22
7000~8000 元 /m^2	3317	10.58
8000~10000 元 /m^2	1659	5.29
＞ 10000 元 /m^2	800	2.55

数据来源：长沙市房产研究中心　湖南中原研究部

从 2012 年上半年新建住宅成交备案的价位结构来看，6000~7000 元 /m^2 价位段的成交备案比例最高，其次为 5000~6000 元 /m^2 价位段，两者占比之和接近总量的一半。预计 2013 年在调控持续强化的前提下，住宅均价上涨的可能性不大，总体房价有望维稳。

第 10 章
昆明市：土地充沛楼市兴旺 规划利好潜力无限

昆明市作为“10+1”自由贸易经济圈，大湄公河次区域经济合作圈，及“泛珠三角区域”经济合作圈的交汇点之一，是我国面向东南亚和南亚的桥头堡。在我国国家战略中，西南地区对东南亚、南亚大通道建设中发挥着重要作用。《全国城镇体系规划》提出，昆明市是国家提升与周边国家合作能力、建设陆路对外通道的重要支点，是我国对外开放的门户城市，昆明市将迎来巨大的发展机遇。伴随着经济进入高速发展阶段，作为全省和滇中地区唯一的特大城市，昆明市有着强大的辐射力和带动力，是云南省最高首位度城市。昆明市消费力和购买力较强，房地产改善性及刚性需求旺盛，并且能获得政府支持。目前，昆明市主要依靠投资拉动经济，政府对品牌房企的招商引资力度较大，提供了较多优惠政策，吸引了万科、华侨城等知名房企相继进驻云南。布局二、三线城市，选择昆明，落地昆明，将是未来大多数品牌发展商的重要战略布局。

10.1 城市规划利好 经济快速发展

昆明市目前正处于经济快速发展阶段，经济的高速发展必然将带来城市开发、人口流入等需求。昆明市对周边城市有一定的凝聚力，同时全省的经济支持也使得其城市加速扩张。昆明市是一个消费型城市，也是全省的消费中心，这一特征将为持续的住房消费提供动力。总体来讲，整个昆明市的经济大环境和居民的消费特点均有利于房地产市场的持续发展。

10.1.1“核心—网络、两轴、两带” 依托 “一湖四环”打造城市新格局

昆明市是云南省省会城市，共辖 6 区、7 县、代管安宁一市，另管辖 3 个国家级开发区。其中，主城区包含盘龙区、五华区、西山区、官渡区、呈贡新区、安宁市、高新技术产业开发区、经济技术开发区及滇池旅游度假开发区。全市面积约 21473km^2，总人口约 721 万。

图 10-1 昆明市行政规划

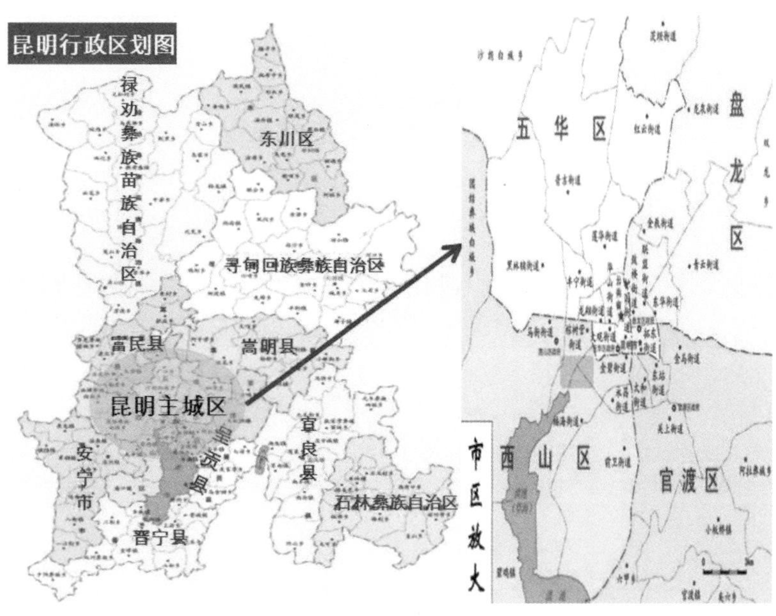

数据来源：昆明中原资源中心

昆明市当前的城市规划以“核心—网络、两轴、两带”的城市空间结构布局。其中，“核心—网络”是由主城、呈贡新区、空港经济区组成的中心，依托绕城公路系统和快速铁路系统构成的交通网络，连接中心城与海口、昆阳和晋宁新城等城市组团。“两轴”依托了昆曲高速公路、昆玉高速公路、昆洛公路、泛亚铁路等南北向发展主轴，以及昆安公路、昆石高速公路形成的东西向发展次轴。“两带”则是与城市建设用地平行的西部生态控制带和东部生态景观控制带。

图 10-2 昆明市总体用地规划图（2008—2020 年）

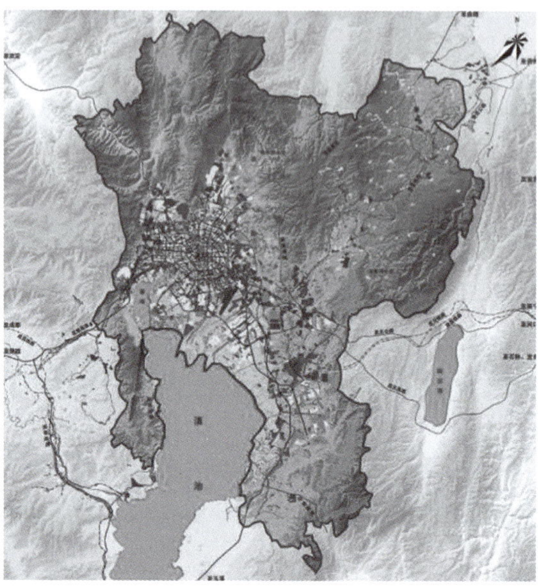

数据来源：昆明中原资源中心

图 10-3 昆明市城市规划区用地“核心—网络、两轴、两带” 布局结构（2008—2020 年）

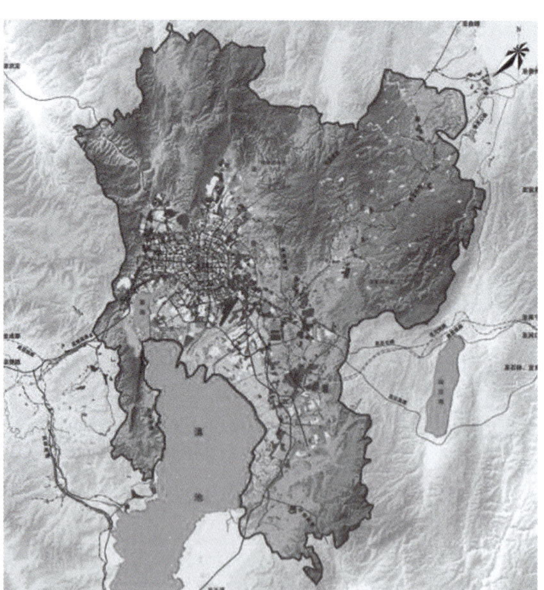

数据来源：昆明中原资源中心

昆明市未来规划重点将以滇池为中心，实施“一湖四环”工程，逐步形成“一湖四片”的城市新格局，把昆明市建成特色鲜明，环境优美的湖滨生态城市和面向东南亚、南亚的现代化城市。“一湖四环”指的是环湖公路、环湖截污、环湖生态、环湖新城。其中，“环湖新城”将以滇池为中心，构建“一湖四片”的昆明市城市区。规划总人口约 450 万人，用地约 460km^2。“北城”，即现在的主城区，是昆明市城市的核心区。“东城”，即呈贡新城。“南城”，即晋城，亦为新街新城。“西城”，即昆阳，亦为海口新城。规划将以建设“一湖四片”为龙头，促进安宁、嵩明、宜良 3 个卫星城市和其他县城及小城镇的建设发展。在全市逾 2.1 万 km^2 的范围内，将形成一个以“一湖四片”为核心，以卫星城市、县城、小城镇相环绕，良性互动，协调发展的昆明市城镇体系。

图 10-4 现代新昆明战略规划图（2008—2020 年）

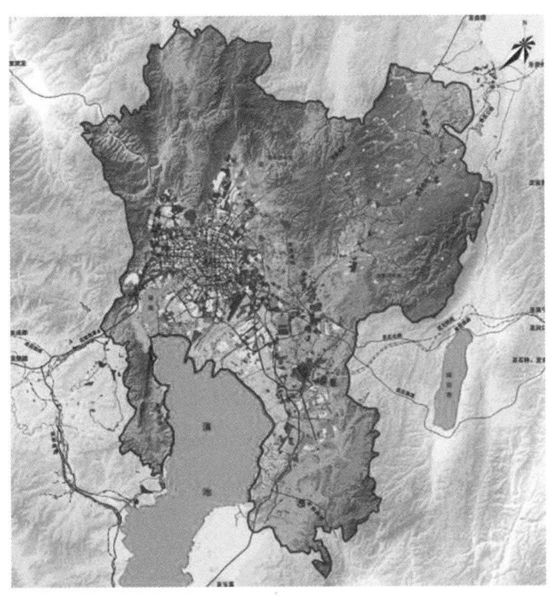

数据来源：昆明中原资源中心

10.1.2 文化产业支柱 经济加快增长

2008 年以来，昆明市 GDP 增速始终保持在 12% 以上，2010 年总量更是首次突破 2000 亿大关。昆明市 3 大产业结构在近几年中不断完善调整，其中第二和第三产业对昆明市经济的贡献率提升显著。2011 年，昆明市文化及相关产业增加值占 GDP 比重高达 8.5%，超过了“支柱产业”标准——5% 的比例。昆明市拥有得天独厚的气候、自然、民族文化等资源，利于发展文化产业，因此在与其他地区的竞争中，昆明市的文化发展优势十分明显，发展文化产业为主的旅游地产更适合昆明市。

图 10-5 昆明市历年 GDP 总量走势（2008—2011 年）

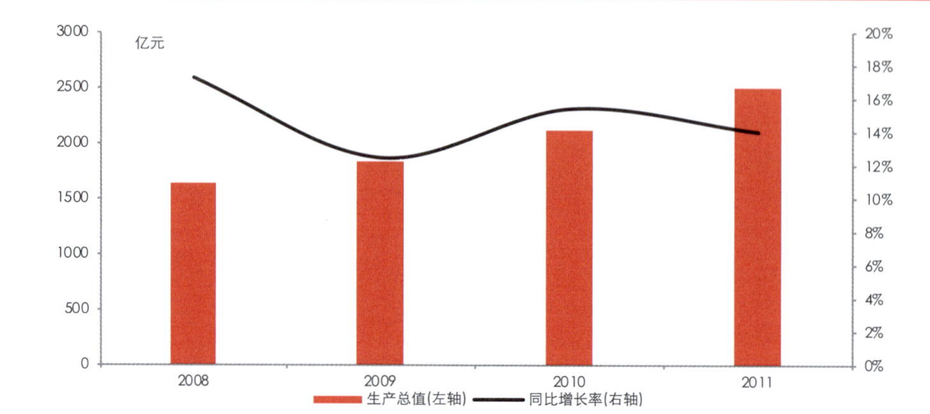

数据来源：昆明市统计局

图 10-6 昆明市历年 GDP 总量构成（2007—2011 年）

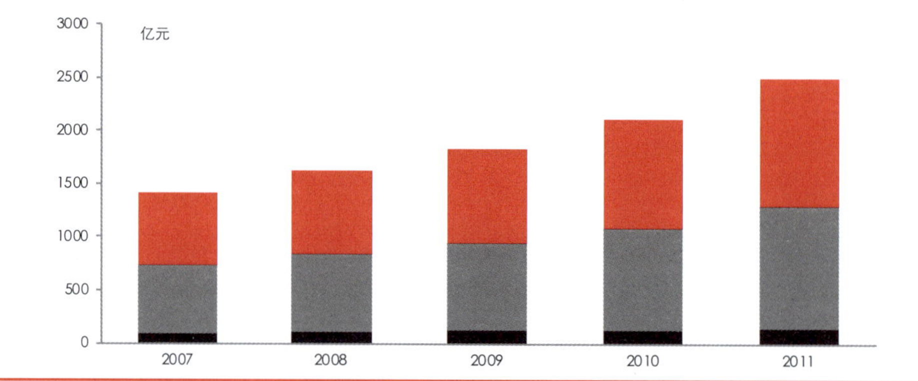

数据来源：昆明市统计局

10.1.3 消费高位增长 发展潜力巨大

2011 年昆明市社会消费品零售总额达到 1271.7 亿元，年增长率持续保持在高位的增长态势。昆明市人均消费性支出与人均可支配收入之比基本维持在 70% 左右，具有巨大的消费潜力。昆明市人“乐于消费、敢于消费”的消费理念和巨大的消费潜力为昆明市房地产市场创造了良好的消费背景和消费支撑。2007 年至 2011 年期间，昆明市房地产开发投资金额呈直线上涨趋势，房地产开发投资占固定资产投资的比重保持在 20%~25%。

图 10-7 昆明市历年消费品零售总额（2007—2011 年）

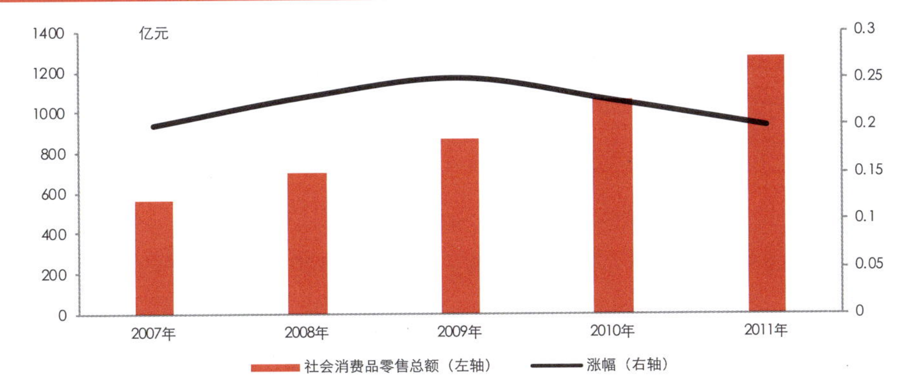

数据来源：昆明市统计局

图 10-8 昆明市居民生活水平（2007—2011 年）

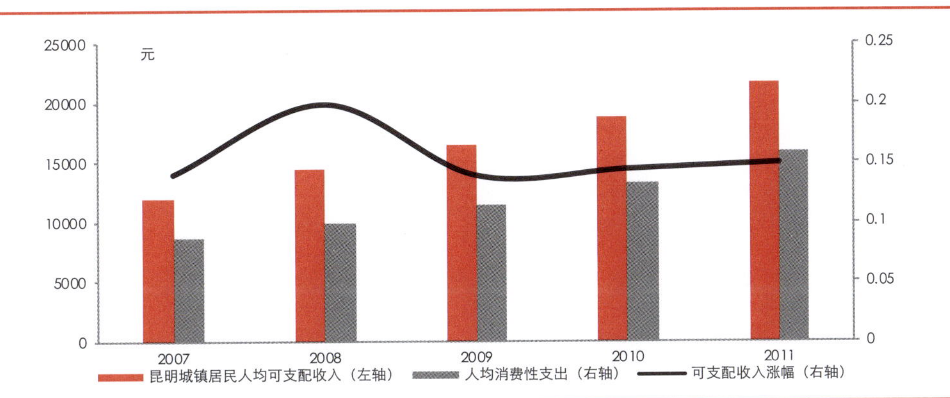

数据来源：昆明市统计局

图 10-9 昆明市历年房地产开发投资情况（2007—2011 年）

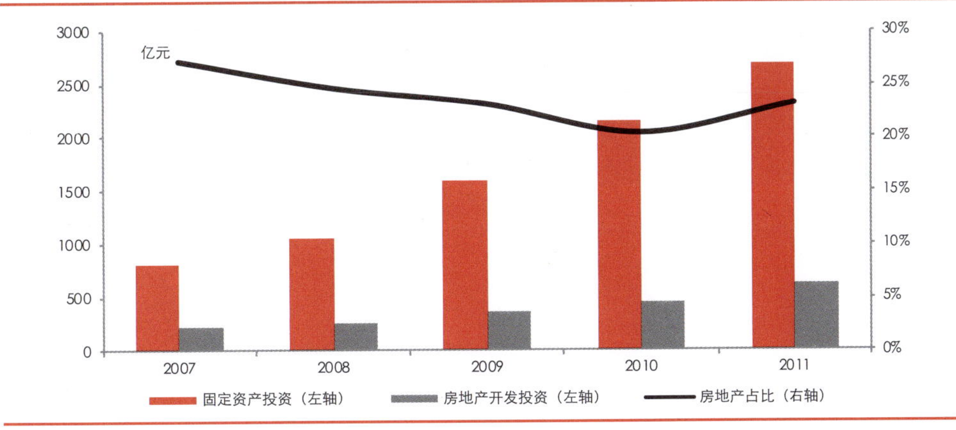

数据来源：国家统计局

尽管全国 36 个重点城市中，昆明市的 GDP 总量处于中下水平， 仅为 GDP 最高的城市上海的 15%。昆明市 2011 年 GDP 增速约为 14%，也仅位列全国中等水平。

在西部 4 个省会城市中，昆明市的 GDP 总量和增幅均排名第 3 位，未来发展具有一定潜力。昆明市的经济已进入快速发展阶段，虽然目前仍处于全国中下水平，但是作为国家在西南地区桥头堡建设的重要城市，国家在政策上不断加大的支持力度将促使昆明市经济持续高速发展，其未来潜力巨大。

10.2 “同心圆” 规划 近郊快速发展

按照昆明市房地产市场配套、价格、特性、优劣势等条件分析，昆明市主城共分为东市区、南市区、西市区、北市区、中市区、一至二环 6 个区域，以及昆明市近郊。昆明市整体规划呈“同心圆”发展，目前已经发展到三环外。近郊地区将是未来昆明市重点发展的区域，该区域未来房地产市场潜力巨大。

昆明市房地产市场的巨大潜力已吸引了不少知名房企进驻。万科自 2010 年进入昆明市以来，有 2 个项目在售，分别为金域缇香花园和白沙润园。保利、华侨城、恒大地产等品牌发展商也已陆续进入昆明市。昆明市的发展潜力将被越来越多的地产商认知，外来开发商基本集中于昆明市主城区周边地区购地，主要以收购、转让、合作、参股等方式参与项目开发，并且与房地产市场经验丰富的品牌专业咨询机构合作，采用强强联合等方式实现品牌落地，整合各方面资源，最大限度发挥营销能力，最终实现盈利最大化。

图 10-10 昆明市各片区划分

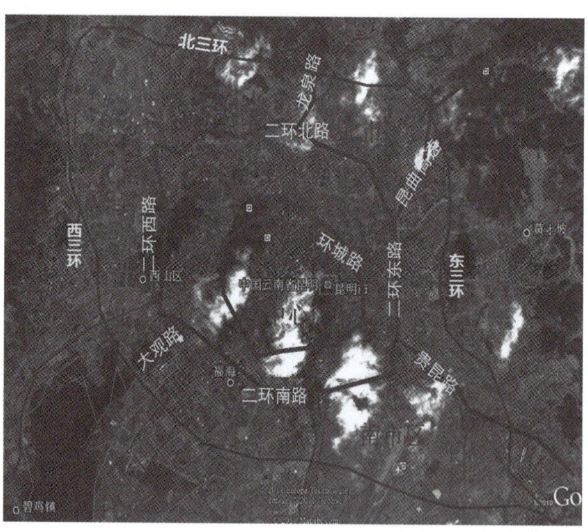

资料来源：昆明中原市场研究部

城市 Market
楼事 Story
数据 Data

图 10-11 昆明市近郊划分

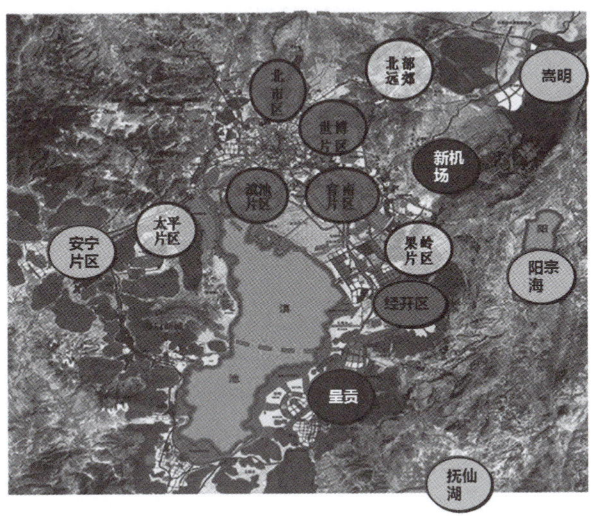

资料来源：昆明中原市场研究部

10.2.1 土地供应充足 未来集中近郊

2012 年上半年，昆明市土地供应量约为 6932 亩，同比缩减约 37%。土地成交量约为 2645 亩，同比大减约 65%。自 2012 年 6 月起，政府开始加大土地供应量，6 月份达到 2012 年上半年的一个高峰，其中该月供应的度假区大渔片区多达 19 幅地块。该区域未来将会是政府扶持发展的重点区域。2012 年下半年，昆明市的土地市场将会继续放量供应。

2008—2011 年，昆明市土地供应呈现明显的增长态势。2011 年土地供应主要集中在南市区及呈贡片区，呈贡为昆明市的扩展新城，南市区则是连接新城和旧城的核心区域。

近年来，昆明市土地市场供应充足。主城区受地理原因限制，目前可供土地多为城中村改造用地，因此未来昆明市重点发展的周边区域的土地供应量将持续加大，而这些区域将会成为未来土地供应的主要区域。

图 10-12 昆明市历年土地供应情况（2008—2012 年上半年）

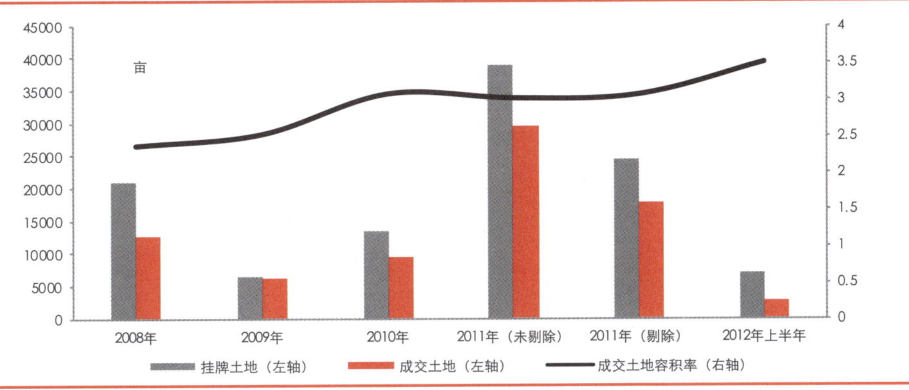

数据来源：昆明市国土资源局

图 10-13 昆明市主城区土地供应情况

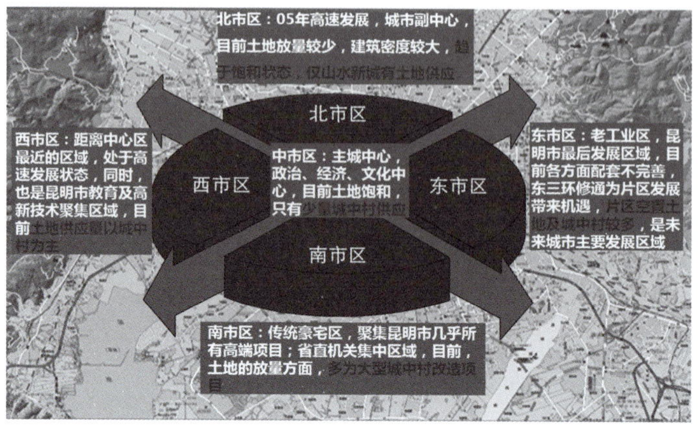

资料来源：昆明中原市场研究部

10.2.2 新房供应大增 房价稳步上涨

2012 年上半年昆明市新增商品房供应量大幅增加。118 个项目取得了建设工程规划许可证，规划总建筑面积达 1995 万 m^2，同比大增 233%。49 个项目取得了预售许可证，预售面积共计约 545 万 m^2，同比大增 210%。而成交势头也正缓慢上升，在经历了年初的一段寒冬期后，昆明市地产商通过以价换量的营销手段，促进了整个市场的成交量的上升，在 2012 年 4 ~ 5 月出现了一个小高峰，目前昆明市整体市场出现了明显的回暖迹象。

2011 年昆明市新房市场新增供应量为 653 万 m^2，同比下降逾 28%。在 2011 年新增供应量中，南市区的供应量最多，其次为一至二环等区域。

图 10-14 昆明市历年商品房供求情况（2008—2012 年上半年）

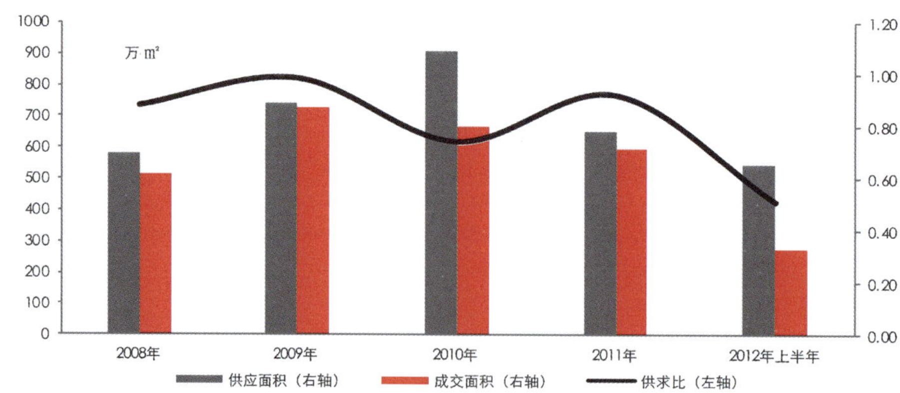

数据来源：昆明市房产信息网

从历年昆明市商品房的价格走势可以看出，昆明市成交均价呈现稳步增长趋势，年均增长幅度在 12% 以上。2011 年受国家调控影响，大部分地区价格下降，然而昆明市同比仍上涨 16%。 2012 年受调控政策影响，昆明市价格出现回落，由于“以价换量”成效显著，成交量同比上升。

图 10-15 昆明市历年商品房价格走势（2007—2011 年）

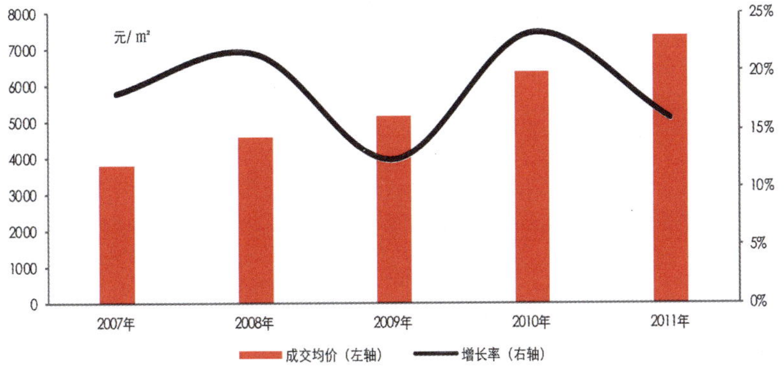

年份	2007年	2008年	2009年	2010年	2011年

元/㎡

成交均价（左轴） 增长率（右轴）

数据来源：昆明市房产信息网

10.3 布局正值时机 力争创收佳绩

10.3.1 配套日趋完善 城镇化进程加速

昆明市房地产市场目前正处在快速发展阶段，城市规划越来越合理，各种相关基础配套设施逐步完善。2012 年底，随着三条轻轨投入运营，城市各区域之间的距离将进一步缩短。大昆明的发展格局日益清晰，城市扩容，城镇化进程加速，将大大推动昆明市中心各区域齐头并进。而政府扶持亦推动近郊区域快速发展，昆明市房地产现已进入快速上升阶段。

10.3.2 政府招商优惠 品牌发展商布局昆明

目前，大量的外来品牌发展商利用 2012 年的逆势环境进军昆明，抢占优势资源，布局昆明。万科、保利、中航、中海等地产已先行进入昆明市，2012 年陆续有其他品牌发展商进入，至 2013 年预计将迎来外来品牌发展商进入的小高峰。同时，品牌发展商的进入也将为昆明市房地产市场带来产品和营销方面的变革，产生新一轮的市场洗牌，出现跨越式的发展。

10.3.3 土地供应大增 开发资源充裕

2012 年上半年，由于调控政策，发展商对土地市场缺乏信心。前 4 个月昆明市土地市场表现冷清，5 月起回暖迹象初现，土地供求量环比大增，并且出现了今年首单溢价成交情况，开发商的拿地热情升温。6 月份，政府开始加大推地量，为房地产开发提供了充裕的开发资源。

10.3.4 力争战略先机 因地制宜打造产品

在国家“限贷”、“限购”的背景下，市场主流客户以刚性需求为主，具有购房资格又有实力的客户正不断减少。2013 年，国家宏观调控政策彻底取消的可能性较小，走势尚不明朗，但整体将向利好的方面转变。昆明市房地产市场各区域发展机遇、发展程度等皆不同，片区各具特色。2013 年，预计昆明市房地产市场将面临重新洗牌。我们建议，品牌发展商应基于各区域特色、房地产所处的发展阶段以及自身实力考虑，因地制宜打造产品，积极合作营销，力争在 2013 年更创佳绩。

楼事
Story
深

深圳

片区规划成就未来 深圳龙华升值潜力巨大

特区扩容，“原特区外”办公市场起航

逆市营销 迎变而上

福州大东区发展提速 一轮旭日自东升

星城地产新时代 城市综合体备受青睐

厚积薄发助片区价值提升
驱动筑巢引品牌房企进驻

第 11 章 片区规划成就未来 深圳龙华升值潜力巨大

深圳中原市场研究部　王飞

11.1 龙华新区概况

龙华新区位于深圳长条形版图的中轴位置，南面紧邻土地稀缺、人口最为密集的福田区，一直有人将龙华称为福田的后花园。同时龙华新区还东临龙岗，西接南山、宝安、光明，北邻东莞，地理位置可谓是得天独厚，四通八达。

11.1.1 城市定位升级

2011 年 12 月 30 日，龙华新区正式挂牌，下辖民治、龙华、观澜、大浪 4 个街道办，“龙华”由原来一个 20km^2 的辖区，范围一下子扩展到 175.58km^2，足足占了深圳市总面积的 10% 左右。新区的定位由原来的深圳城市副中心提升为深圳的中轴新城，深圳的城市发展开始由一路西进转变为北上，而龙华新区将承载北上扩张和发展的直接利好。

政府在新区工作会议上宣布 5 年内将投入 2000 亿元，大手笔推进“一中轴九片区”建设。“一中轴”：以梅观高速、观澜河、地铁 4 号线为中轴，叫“一路一河一轨”，构成贯穿南北的一个发展主轴。

建设两大功能核心。将深圳北站周边 5km^2 片区建成龙华中轴新城核心区；将观澜横坑水库周边 3km^2 片区建成龙华新区科技文化服务中心。

提升 3 大转型升级示范区。将龙华清湖及周边 4km^2 片区建成富士康转型升级示范区；将龙华人民路两侧 1.5km^2 片区打造成深圳新商业旺区；将大浪石凹及周边 4.6km^2 片区建成大浪时尚创意城。

发展 4 个战略性新兴产业基地。依托长安标致雪铁龙汽车项目，将其周边片区建成龙华汽车产业城；依托观澜高新技术园区，将周边片区提升建设成观澜战略性新兴产业园；依托大唐宝昌燃气发电项目，将其周边片区建成大唐低碳产业示范园；依托观澜版画基地、观澜湖高尔夫球会等，建设观澜文化产业园，打造文化创意、体育休闲、生态旅游产业集聚区。

11.1.2 区域交通配套

已落成的深圳北站交通枢纽位居新区的核心， 4、5 号地铁线在此交汇，已确定开建的 6 号线也将由此向北延伸，广深港高铁 4 月已经直通长沙、武汉，未来将直通北京，还有厦深高铁和粤赣高铁也将聚集于此。加上长途汽车站、公交场站、出租车场站以及社会车辆停车场无缝接驳，将是全国重要的区域性铁路客运枢纽，强大的交通将带来巨大人流、钱流和经济发展的机会，也将奠定龙华新区的深圳新门户地位。

政府近期更出台 5 大措施全面改造路网，多条主干道四通八达。5 大措施包括：拓宽改造梅观高速并全面取消收费，北移梅林收费站至清湖立交；改造皇岗路为城市快速路；新建新彩隧道连接彩田路和新区大道，与在建轨道 4 号线共同构筑复合交通走廊，连接福田中心区、上步中心区与龙华新城；新建五和大道—南坪连接线，以缓解梅林关交通拥挤；研究建设坂银新通道，形成特区内外新的联系通道和公交主走廊。

未来 5 年，龙华新区还计划投资 260 亿元，完成龙观快速路、清平二期等 25 个重大道路交通项目建设，完善城市快速路网。

11.2 龙华新区房地产市场情况

11.2.1 区域房地产发展历史

由于龙华的地理位置优势和片区不断发展，早已吸引了一众品牌房企们纷纷抢滩市场。目前已经在龙华新城开发项目的上市公司和优秀国企、民企已经有超 40 家，包括万科、金地、长城、中航、合正、莱蒙、鸿荣源、绿景、星河、港铁等，从 2001 年至今，龙华片区陆续开发销售的项目已超 70 个，产品也从普通刚需小户到高端别墅洋房一应俱全。

从片区项目来看，龙华房地产市场的发展历程大致可分为 3 个时期，即萌芽起步期、发育成长期和发展提升期。

■ 2001 年以前，萌芽起步期

龙华片区住宅市场的起源可以追溯到 1993 年，当年“富豪花园”推向市场，主要面向港人销售，而后有“潜龙阁”等项目推出，但发展相当缓慢。1997—1998 年因为工厂增多，市场需求有所增加，推出了一些新的项目，主要满足本地工厂企业员工的住房需求，此期间开发的楼盘，以小规模开发为主 ，品质不高，产品单一，几乎清一色的多层建筑。客户面也较窄，市场处于一个萌芽和起步的阶段。

■ 2001—2004 年，发展成长期

随着福田中心区的逐渐确立和成熟，龙华片区形象逐步改善，房地产市场趋好；另外，由于经济发展的需要，当地政府也对房地产业进行了强有力的支持，市场开始出现如“美丽家园”、“风和日丽”、“大信花园”、“潜龙花园”、“星光之约”等众多项目。伴随着深圳中心区的开发热潮，以及龙华镇对房地产开发极为重视，已将房地产作为支柱产业大力扶持、发展，再加之地价便宜等利好政策，吸引了各路开发商前来圈地开发，一时龙华的房地产大盘潮涌，呈现出前所未有的开发高潮，后期又涌现出“美丽365”、“世纪春城”、“富通天骏”、“锦绣江南”等 30~40 万 m^2 的大盘，在大盘的带动下，中小盘更是频频亮相。

而在楼盘品质方面，这一时期比 2001 年之前有了很大的提高，产品也较为丰富。建筑类型以多层为主，别墅和小高层为辅。这一阶段的的楼盘均价都在 3000~4000 元 /m^2 之间。

■ 2005 年至今，发展提升期

2005 年以后，在经济快速发展、市政规划日益完善以及郊居化概念催化等众多利好因素的促进下，龙华片区住宅市场得到了进一步的发展。所推项目在规模、品质、营销方面均有了较大的飞跃，市场进入了全面发展和提升的时期。2006 年的龙华片区楼市盛况空间，大盘豪宅聚集，“金地梅陇镇”、“春华四季园”、“星河丹堤”、“圣 • 莫丽斯”这几个建筑面积都在 30 万 m^2 以上，整个 2006 年的供应量高达近 100 万 m^2，龙华片区的发展声势浩大。近两年，区域中高档社区更是如雨后春笋，“莱蒙水榭山”、“万科金域华府”、“水榭春天”、“中央原著”又进一步拉高区域楼盘的档次。而到了调控最严峻的时期，“花半里清湖花园”、“绿景香颂”等刚需楼盘也能抓住时机，将片区的利好发挥得淋漓尽致。

此期间的楼盘产品，从刚需小户到高端大户豪宅，品类齐全、应有尽有。深圳的品牌发展商如金地、星河、万科、莱蒙也从这一期间开始进驻，龙华片区的地产开发正式进入品牌发展商角逐时代，市场竞争将更趋激烈，也更趋成熟。这一阶段的龙华房地产市场发展迅速，房价从 2005 年的 5000 元 /m^2 发展到至今 17000 元 /m^2 的水平。

11.2.2 利好驱动 成交聚集

从龙华新区近年的商品住宅供应情况来看，区域的商品住宅供应量占全市的份额在逐年递增，进入 2011 年，片区市场份额开始从以往 10% 的水平大幅增加至 19%，2012 上半年龙华新区的供应总量更是占到全市的 33.5%。可以看出，开发商早已“嗅出”龙华房地产市场潜藏的巨大商机，争相涌入。

图 11-1 龙华新区历年商品住宅供求情况（2007—2012 年）

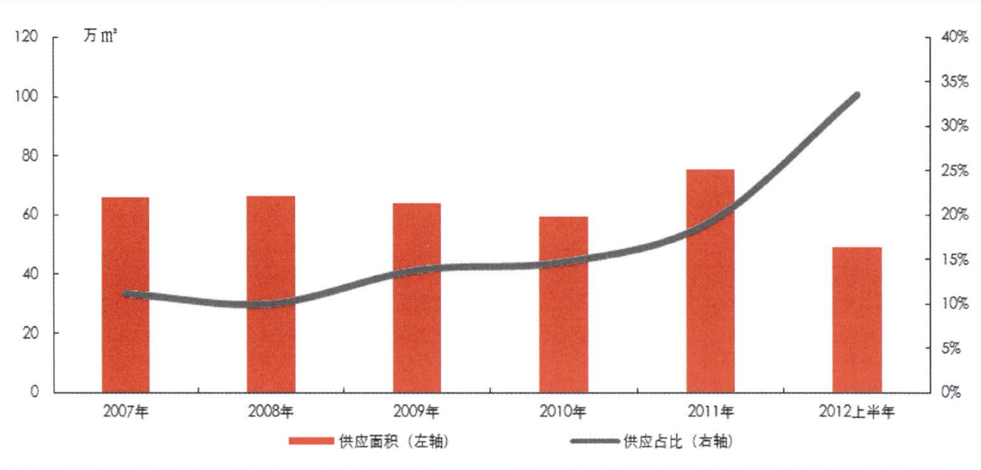

数据来源：深圳中原市场研究部

龙华新区的规划利好直接带动了片区房地产市场的发展，2011 年 6 月“水榭春天三期”开盘热销近 9 成，直接带动了该片区的市场氛围，龙华区开始受到大部分人的瞩目。从 2011 年下半年开始，受限购政策的影响，市场以刚需置业者为主，而龙华新区推出的“花半里清湖花园”、“招商观园”以及“绿景香颂”正好迎合了调控下的需求，整个下半年区域内的几个楼盘持续热销，整体成交量开始有明显的提升，从以往的全市成交 6% 的市场份额一跃增至 15%，而到 2012 年的 5、6 月份，市场预期转好，5 月“星河盛世”开盘热销，6 月降息后首推的“水榭春天 5 期”更是大大超出了市场的预期，开盘劲销 8 成，又一次燃起了置业者对新区的热情，龙华新区整体成交量再一次爆发，占到全市的 1/3。

图 11-2 龙华新区新房市场成交情况（2011 年 1 月—2012 年 6 月）

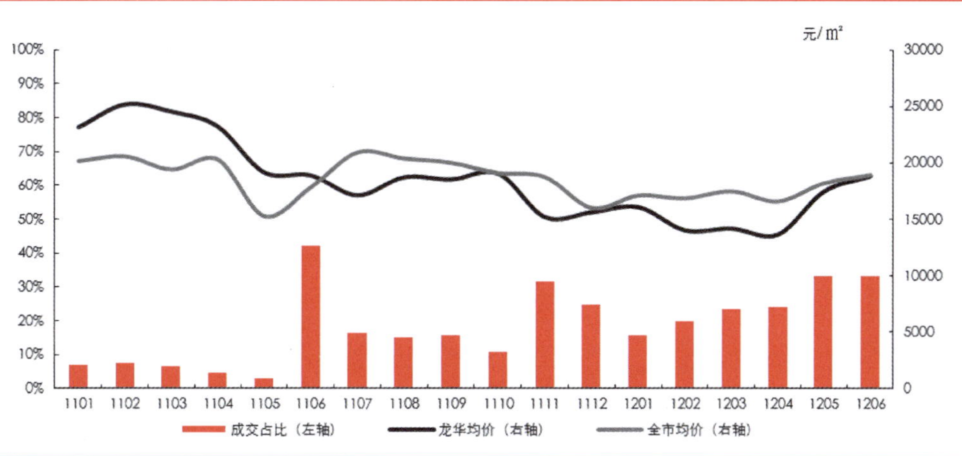

数据来源：深圳中原市场研究部

11.2.3 刚需楼盘居多 价格仍处低位

根据深圳中原市场研究部统计，从过去一年半的的龙华新房成交排名前 10 来看，区域内目前的市场成交仍以刚需楼盘居多，大部分均价都在 10000~15000 元 /m^2 之间。其中“花半里清湖花园”、“招商观园”和“绿景香颂”更是从开盘开始持续热销，先天的地理优势和价格优势无疑让龙华新区成为刚需主导市场下的首选热点片区。

龙华新区新房成交套数排名前 10（2011—2012 年）　　表 11-1

楼盘名	套数	面积（万 m^2）	均价（元 /m^2）
花半里清湖花园	1833	15.40	13372
招商观园	1268	12.47	11732
绿景香颂花园	1135	9.71	15850
水榭春天花园	1125	18.18	20522
星河盛世花园	957	7.97	20540
合正中央原著	658	6.63	22541
锦绣御园	322	3.84	16988
城市阳光花园	180	1.44	10136
御筑轩	109	0.92	13408
中粮鸿云花园	100	0.91	18314

数据来源：深圳中原市场研究部

从二手住宅市场来看，龙华新区成交较稳定，在全市的市场份额基本都维持在6%左右，成交主要集中在民治、龙华街道。早期的龙华街道二手住宅如：“苹果园”、“美丽365”、“风和日丽”、“锦绣江南”等价格大多在1.2~1.5万/m^{2}之间；而民治街道如：“世纪春城”、“春华四季园”、“潜龙鑫茂花园”、“金地梅龙镇”、“金地上塘道”由于近2年推出加上社区大、地理位置更接近中心区，价格略高在1.5~1.8万/m^{2}之间。龙华新区二手住宅目前整体均价走势一直很平稳，2012年6月的均价为16961元/m^2，远低于全市19123元/m^{2}的均价。

图11-3 龙华新区二手房成交均价情况（2011年1月—2012年6月）

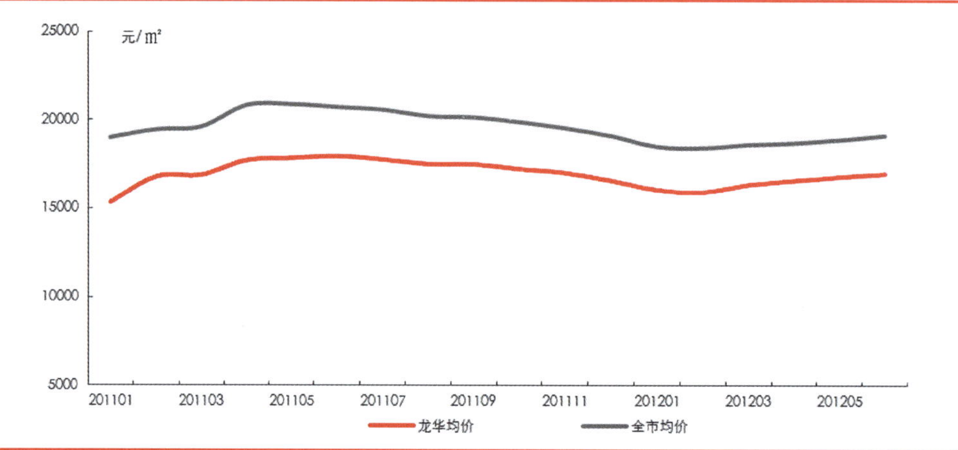

数据来源：深圳中原市场研究部

11.3 龙华新区未来展望

11.3.1 供应持续增加

根据深圳中原市场研究部监测数据显示，龙华新区包括民治、龙华、大浪、观澜在内的未来一年内待供应的新房项目多达10余个，建筑面积达150万m^2。民治片区占据了整个龙华新区未来供应的半壁江山，而观澜片区供应也占据近3成。仅次于民治片区，未来区域内新盘云集，项目包括：“绿景公馆1866”、“中航天逸花园”、“润达圆庭”、“和黄懿花园”、“仁山智水”等，产品也从小面积刚需户型到大面积别墅，总体供应量相当于2012年上半年3倍的水平，这必将给龙华新区房地产市场带来又一次飞跃。

未来一年龙华新区新房潜在供应情况　　表11-2

片区	项目个数	建筑面积（万m^2）
大浪	1	21
观澜	2	42
龙华	2	12
民治	6	75
总计	11	150

数据来源：深圳中原市场研究部

11.3.2 升值潜力巨大

政府规划向来决定着片区未来的发展趋势。深圳“一中轴九片区”的规划必将带动龙华新区全面升级，走出一条深圳北上发展的康庄大道。

首先，龙华新区 2 个功能核心的重大规划将给区域内房地产市场带来一次新的飞跃。

功能核心一：将深圳北站周边 5km^2 片区建成龙华中轴新城核心区，布局金融商贸、总部研发、中介服务等现代服务业功能，成为代表深圳新形象的现代化国际化先进城区，带动深圳中部轴线、辐射周边地区的区域中心。新区政府也在规划中将民治街道打造成 5 条绿色生态景观长廊构成的“生态绿谷”，届时，16.94km^2 的民治二线拓展区会是为整个龙华的核心新城区。

龙华新区的住宅建设力度大家有目共睹，而商业配套却稍显迟缓。未来，整个民治区域将形成由书香上河坊的 3.68 万 m^2 综合商业体、5.81 万 m^2 的星河盛世 COCOCITY 、民治天虹商业体以及绿景香颂 3 万 m^2 的佐邻香颂购物中心围合而成的大型高品质商圈，最终与规划中的人民路核心商业圈加在一起成为超级商圈，民治将晋升成龙华新区最便利的、高品质的主生活城区，继而带动整个龙华新区的商业飞速发展。

功能核心二：在观澜横坑水库周边建设 3km^2 的行政文化科技创新中心，带动龙华新区北片区发展。

龙华新区政府正式入驻观澜，也让大部分人看到观澜片区的未来。目前该片区已是新盘密集的鹭湖国际居住区，集中了招商观园、仁山智水、和黄懿花园、金地天悦湾四大项目，建筑面积超 100 万 m^2。而年内全长 19km 的梅观高速市政改造工程也将启动，全面取消收费站、新设辅道、大量出入口和立交桥，并开通大量公交线路，将极大地方便沿途地区的交通。原来梅观高速两边是天各一方，未来将可以更便利的连接，预计将释放 1.2km^2 的土地，沿途会形成一定的商业、办公、物流等区域，政府力图将其打造成“南北方向的深南大道”。无疑，这对于目前仍处价格低洼的观澜片区发展来说提供了无限的可能，片区升值潜力巨大。

其次，产业的布局和升级将大大提升区域的收入水平和消费能力。

除两个功能核心之外，3 大转型升级示范区和 4 大战略性新兴产业基地也逐步启动，“中心”民治、“时尚”大浪、“后工业化”龙华以及“都市桃花源”观澜，龙华新区在基层的排兵布阵也已尘埃落定。依托其重要的电子信息产业和优势传统产业基础，新区政府计划到 2015 年将新区生产总值从目前深圳 10.6% 的水平发展提升到全市的 15% 左右，2020 年达到 18%。

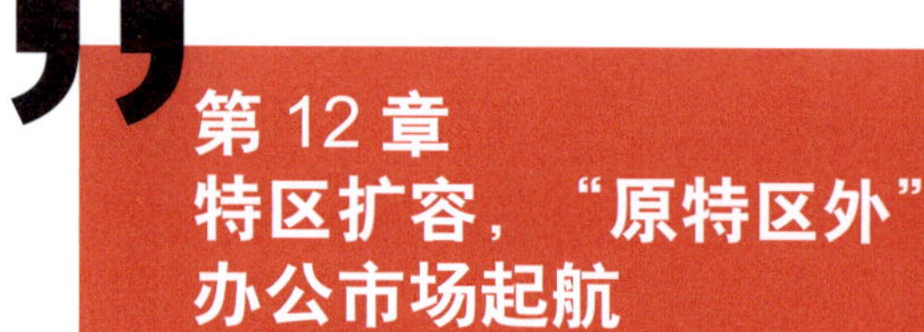

第 12 章 特区扩容，“原特区外”办公市场起航

深圳中原市场研究部　陈璨

深圳经济特区成立 30 周年之时，中央批准了深圳扩大特区版图的申请，并于 2010 年 7 月 1 日起执行。深圳特区范围延伸至全市，宝安、龙岗包括光明和坪山 2 个新区纳入到经济特区，特区总面积由 395km^2 扩容为 1948km^2。特区内外一体化方案获批，将使宝安、龙岗两区享受特区内的法规，将对整个深圳的经济发展起到投资拉动和消费拉动的作用，最终“反哺”特区。

12.1 原特区外产业结构优化　助推办公市场起航

长期以来，原特区外经济以“三来一补”产业为主，第三产业落后于原特区内，传统工业集中，劳动密集型企业扎堆。办公市场受政策、经济、产业结构等影响，整体发展水平较为落后，办公物业以厂房为主，档次偏低，类型单一，配套功能弱，且分布较为分散，有商务集群效应的集中办公区域尚未成型。然而，随着特区一体化的获批，宝安、龙岗两区将享受特区内的法规，在政府主导下，将加大特区外基础设施的投入和建设力度，提高市政管理和公共服务水平，大幅缩小特区内外发展差距，提高城市整体发展水平。宝安、龙岗两区也力争调整产业结构，促进企业转型，实现经济在总量和结构上的同步前进。

2011 年，宝安全区（含光明新区）生产总值 3269.52 亿元，增长 14.5%。其中，第一产业增加值下降 10.5%；第二产业增加值增长 17.5%；第三产业增加值增长 9.7%。三次产业比重为 0.0:63.4:36.6。通信设备、计算机及其他电子设备制造业等主导行业增势良好，内资企业快速增长，工业产品销路顺畅，规模以上工业总产值及增加值大幅上涨。

龙岗区 2011 年实现地区生产总值 1881.31 亿元，同比增长 11.5%。第一产业增加值下降 8.1%，第二产业增加值增长 14%，第三产业增加值增长 7%。三次产业比例为 0.05 ∶ 65.7 ∶ 34.25，与 2010 年相比，第二产业比重下降 1.74 个百分点，第三产业比重提高 1.75 个百分点。现代服务业发展势头良好，在交通运输、仓储和邮政业及批发零售业等传统产业稳步发展的同时，金融保险业、现代物流业、旅游业等行业加速发展。

宝安、龙岗两区在特区一体化后都取得了经济上的共同发展，产业结构得到进一步优化，第三产业逐步繁荣，有效带动了相关产业和企业落地原特区外，直接刺激办公需求增加和办公区域的成型，为两区办公市场起航提供了强有力的动力。

12.2 全市供求区域结构转变　原特区外办公市场崭露头角

12.2.1 原特区外办公市场供应实现突破

从近几年全市写字楼供应区域的分布及比例看，宝安、龙岗两区在 2009 年、2010 年的供应量占全市不到 2 成比例，但是 2011 年便出现大幅增长，供应比例升至 36.48%，环比增长了近 17 个百分点，2012 上半年原特区外办公物业供应依然势头强劲，突破了 4 成比例。原特区外由办公市场的非热点区域，渐渐转变为全市办公物业供应的主要区域。

图 12-1 深圳市原特区外办公物业供应比例走势图（2009—2012 上半年）

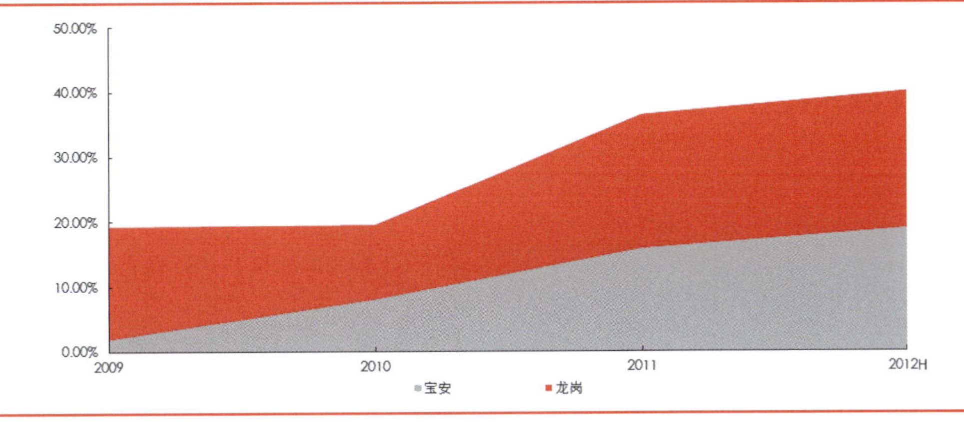

数据来源：深圳中原市场研究部

12.2.2 原特区外办公市场需求维持高比例

而近几年的写字楼成交情况也同样说明问题。2009 年宝安和龙岗的写字楼成交量仅为全市的 13.53%，2010 年上涨为 19.10%，2011 年攀升至 37.21%，虽然 2012 上半年有所下滑，但仍维持在全市 3 成的比例。

图 12-2 深圳市原特区外办公物业成交比例走势图（2009—2012 上半年）

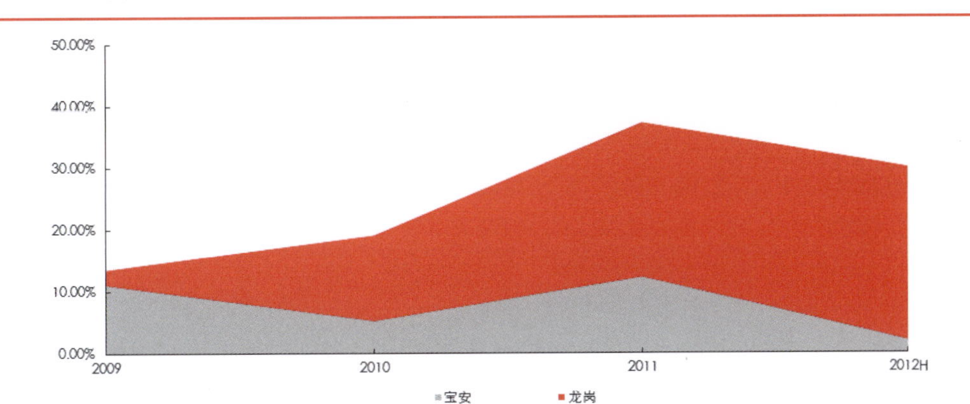

数据来源：深圳中原市场研究部

全市办公市场供应与需求不约而同在 2011 年发生转变，原特区外占比较前期大幅上涨，全市办公市场的区域格局悄然发生变化，原特区外逐渐成为全市办公市场的热点区域之一。

对 2011 年全市成交面积前 10 位的一手写字楼项目做个统计，我们不难发现，除了福田、南山传统办公市场集中区域的项目上榜外，原特区外也有 4 个项目上榜，其中龙岗 3 个，宝安 1 个，这对于办公市场一向不发达的原特区外来说，无疑是个巨大的市场飞跃。

深圳市一手写字楼成交面积排名前 10（2011 年）　　表 12-1

排名	行政区	物业名称	年度成交面积（m^2）	物业类型
1	福田	东方新天地广场	37294.23	办公
2	福田	世纪汇广场	29649.11	商务公寓
3	南山	智慧广场	29462.15	厂房
4	宝安	魅力时代花园	29002.05	商务公寓
5	龙岗	龙岗天安数码创新园	27155.54	厂房
6	龙岗	缤纷世纪公寓	21066.31	商务公寓
7	南山	星海名城七期	17286.78	办公
8	南山	向南瑞峰花园	13716.84	商务公寓
9	福田	东方新天地广场	5225.20	商务公寓
10	龙岗	珠江广场	4664.63	商务公寓

数据来源：深圳市规划和国土资源委员会、深圳中原市场研究部

12.2.3 原特区外办公物业价格存有上涨空间

过去几年，深圳写字楼价格除在 2008 年和今年上半年受整体市场影响而有短暂下滑外，整体处于上涨态势，全市的一手写字楼均价约在 3~4 万 /m^2。

图 12-3 深圳市一手写字楼年度成交价格走势（2004—2012 上半年）

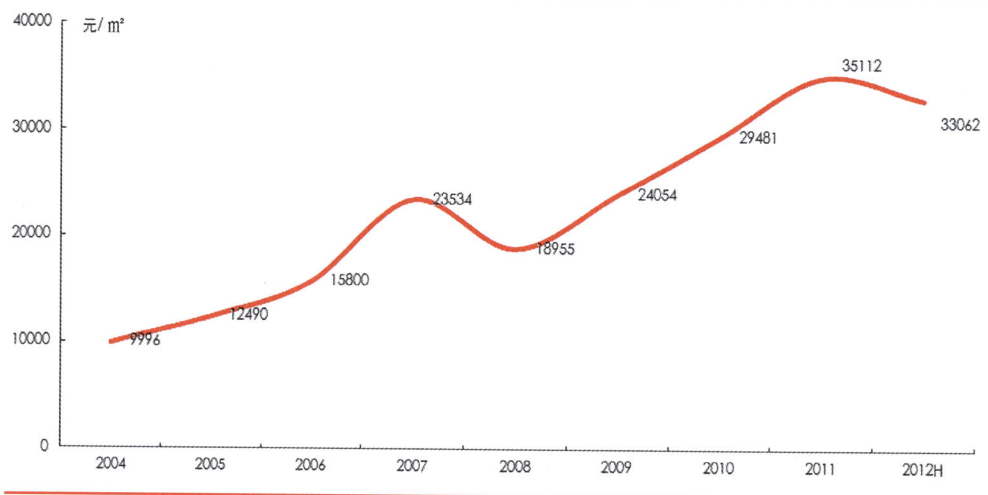

数据来源：深圳市规划和国土资源委员会、深圳中原市场研究部

从各区的价格水平来看，福田、南山最高，为 4 万元 /m^2 左右，而宝安、龙岗最低，平均价格还不到 2 万元 /m^2，办公物业价格的区域差异显著。随着特区一体化政策的深入实施，特区内外的差距将逐步缩小，原特区外的写字楼价格预计还有较大增长空间。

图 12-4 深圳市各区一手写字楼价格（2012 上半年）

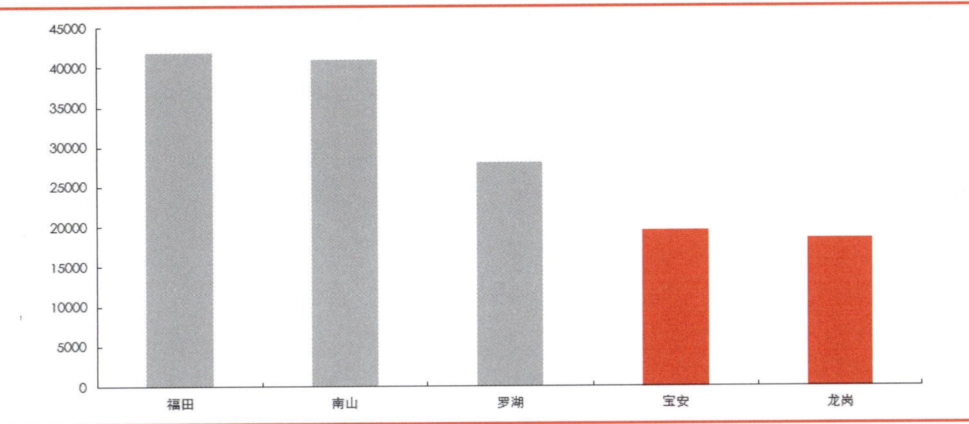

数据来源：深圳市规划和国土资源委员会、深圳中原市场研究部

特区扩容，对原特区外办公市场的推动作用虽不是短期能达成，但我们可以看到，无论在市场供应，还是需求上，已经开始向原特区外倾斜，并在 2011 年实现较大突破，宝安、龙岗两区的办公市场将在此契机下得到长足发展，带动区域办公物业增加，配套设施完善，商务环境提升，将有利于原特区外整体环境的改善，逐步缩小与原特区内的差距。

12.3 城市地位提升 轨道交通助力

12.3.1 全市向更高经济发展目标迈进

未来 10 年，深圳将由华南地区中心城市转为全国经济中心城市，并将成为继北京、上海之后的第 3 个国际化城市，这是在深圳经济特区成立 30 周年之时，紧随特区一体化政策的获批，国务院批复的《深圳市城市总体规划 (2010-2020)》中对深圳的城市性质定位。而据深圳统计局统计，2011 年全市生产总值为 11502.06 亿元，比上年增长 10.0%，经济总量迈上万亿新台阶，增长规模远高于“十一五”期间平均增长水平，经济总量在全国内地大中城市中继续保持第 4 位。全市 3 个产业结构为 0 ∶ 46.5 ∶ 53.5，全市的整体经济发展向好，第三产业占整体经济比重进一步提高，支柱产业支撑作用明显。

12.3.2 轨道交通将联网全市主要商务区域

特区一体化实施一周年之时，深圳地铁二期工程 5 条线路全面贯通，其中 4 条线路通向原特区外，并与原特区内相连接，目前地铁三期工程也已开始动工，未来还将为原特区外增设多条地铁线路，这不仅使全市的交通联网，也使全市的商务区域联网。原特区外的商务办公氛围成熟后，将与目前全市福田、罗湖、南山的几大商务办公区域形成良好协调与互动，使全市的商务区域分布更为广泛和均匀，将有效带动区域的经济发展，从而推动全市向前的发展步伐。

12.4 规划定位明确 办公市场大有可为

12.4.1 城市规划明确原特区外的“中心”定位

《深圳市城市总体规划 (2010—2020)》同时明确了深圳的城市空间布局结构为 “三轴两带多中心”的轴带组团结构。其中 “多中心”则包括福田罗湖中心、前海中心及龙岗、龙华、光明、坪山、盐田 5 个副中心。这一跨越了过去特区内外的布局结构，将整个城市的规划纳入了一个整体，更为强调区域协作，也势必与特区一体化政策形成良好的互动。而深圳的主中心在原来福田罗湖中心的基础上，又增加了前海中心，意味着作为前海中心重要组成部分的宝安中心区，将成为全市未来发展的核心区域之一，而龙岗也成为全市的副中心之一，将承载更多城市发展重任。

12.4.2 原特区外办公区域规划成形

在清晰的定位和政策指引下，宝安、龙岗两区针对区域的特点和优势，对各自商务办公的区域选择和发展目标制定了明确规划。

其中，宝安中心区功能定位为与前海共同组成深圳市城市双中心之一，是宝安的文化、商业、商务、总部经济和体育中心，规划建设目标为独具海滨特色的现代化花园式城区。其规划结构涵盖了 3 个圈层，并以第一圈层最为核心，其规划方向就是以商务办公和商业作为主要功能，具体包括 2 个方面：一是商务办公区，中央绿轴西侧规划占地约 60 万 m^2 的商务办公区，建筑面积约 180 万 m^2 高档商务办公楼及配套；二是核心商业区，中央绿轴东侧规划占地约 40 万 m^2 的核心商业区，建筑面积约 120 万 m^2，建成集大型商业购物中心、五星级酒店、办公及配套公寓为一体的商业区。

龙岗则将商务办公发展区域主要集中在大运新城北部片区和龙城广场周边区域。利用大运新城北部片区良好的交通、区位、生态优势，整合现有的产业和空间资源，努力将该片区打造成龙岗的高端商务园区；对龙城广场及其周边区域重新规划改造，力争将其打造成集行政、文化、商业、办公、酒店、金融等为一体的核心功能区。

12.4.3 原特区外办公物业档次将大为提升，城市综合体及商务公寓扮演重要角色

特区一体化后，原特区外的建设将与全市看齐，办公物业在设计规划、品质档次上将有较大提升。同时，随着城市更新在原特区外的推进，将有大量旧改项目上马实施，为了实现更高的土地利用价值，许多项目将建成集办公、商业、居住等功能为一体的城市综合体，办公物业将以城市更新为契机，以城市综合体为承载，迎来更大的市场空间。同时目前在调控政策下，商务公寓因不限购、不限贷，具备办公与居住的双重特性，且面积小，组合灵活，价格较低，顺应市场需求，商务公寓也将在原特区外的办公市场中占据一席之地。

深圳市原特区外未来主要供应写字楼项目（2012—2013 年） 表 12-2

区域	项目名称	物业类型	是否综合体	所处片区
宝安	鸿荣源壹方中心	写字楼	是	宝安中心区
	中粮锦云	写字楼	是	宝安中心区
龙岗	尚模八意府	写字楼	是	龙岗中心区
	荣超英隆大厦	写字楼	否	龙岗中心区
	满京华喜悦里	写字楼	是	龙岗中心区
	龙岗天安数码城	工业厂房	否	大运新城

数据来源：深圳中原市场研究部

第 13 章
逆市营销 迎变而上

深圳中原市场研究部　林小兰

13.1 概述

2010 年 3 月份以来，中央连续出台调控重拳，调控的力度及持续时间之长，实属史无前例，楼市经历了一场生死轮换。在严厉的“三限”背景下，2011 年 7 月 11 日，二手房按评估价征税正式出台，楼市急转直下，随之经历了长达近 8 个月的冰冻期，直至 2012 年 6 月央行降息，楼市才真正开始回升。在此轮变换中，开发商作为房地产行业的直接利益者，面对政策风云，不断地变换策略，从最初的观望，到随大市而动，变换出多种风险规避方式，以求在逆市中站稳脚跟、跑赢市场。

纵观市场，多样化营销一直是新房市场的主要特色之一。深圳楼市逐渐回归到买方市场、刚需为购买主力，这一点已成为时下业界人士的共识。在这样的新形势下，开发商如何应对这一转变，已成为是否能在逆市中存活的必备技能。其实从去年的秋交会上，不少即将有新楼盘面市的开发商已经在调整心态和预期，在营销手段和定价策略上，都开始向买方市场倾斜，不少楼盘已将目标客户锁定为自住型的置业者；其次，从目前的市场情况看，行业发展的规律性决定了房地产的价格走势将逐渐趋于稳定，合理的营销和预期才能促使房地产企业赢得市场。

本章以时间为轴，对逆市中不同开发商采取的各种营销策略进行分析研究。

13.2 调控延续 市场陷观望

2011 下半年，随着调控的不断深入，全国楼市急转直下，各地众多项目大幅降价，却以量价齐跌的结果黯然淡出。作为一线城市的深圳也未曾逃离如此惨淡的命运，房地产市场更是直跌谷底。当“7•11”新政重磅出击后，全市成交大幅萎缩，深度观望下，楼市寒气逼人。

13.2.1 响应政策 降价开盘

此论调控不断深入，看跌的市场预期已经形成，绝大多数人选择观望，认为房价远远未到底部，还有很大的降价空间。而中央政府也频频发表言论声明，将坚定不移地进行房地产调控。于是，便有中海，作为大型的央企，首先作为市场表率，响应中央政策，于 2011 年 4 月 30 日高调推出千套限价房，标志着深圳楼市正式降价潮的启幕，也是深圳楼市真正进入限贷、限购、限价——“三限”时代的标志。紧接着 6 月份，水榭春天三期也推出 1085 套新房，即掀起深圳第二波降价热潮，同时也带动深圳楼市的一次购房小高潮，市场上降价声一片。

虽然“三限”下楼市无力回涨，但真正将深圳楼市推入谷底的，是 2011 年 7 月 11 日正式实施的二手房评估征税新政。“7•11”新政之后，市场急速降温，且市场预期全面转向悲观，需求萎缩，成交量大幅下滑，“金九银十”彻底幻灭，2011 年 11 月份新房成交量与年初相比下降了将近 60%，与 2010 年同期相比下降的幅度也超过 30%。销售速度的大幅放缓，使开发商的库存压力不断上升，信贷方面的收紧又增加了其资金面的紧张程度，这一期间，大多数开发商面临生死抉择，纷纷打出了降价牌。

13.2.2 多方博弈 推盘节奏缓慢

“7•11”之后，市场急转直下，跌至冰点，市场陷深度观望。7 月份尚有 16 个项目开盘或加推，至 8 月份，仅有 8 个项目开盘或加推，且平均成交率跌至历史最低水平；开盘节奏明显放缓，多个项目推迟入市时间，如图所示，2011 年 7—11 月份的推盘量都低于 6 月份的水平，其平均销售率也一路下滑。置业者在坐等房价继续下探至底部，而开发商则苦于销售无门，期间营销活动不断，但开盘时间则一拖再拖，甚至有些大的资金相对比较充裕的房企，就有死扛的倾向。

图 11-2 龙华新区新房市场成交情况（2011 年 1 月—2012 年 6 月）

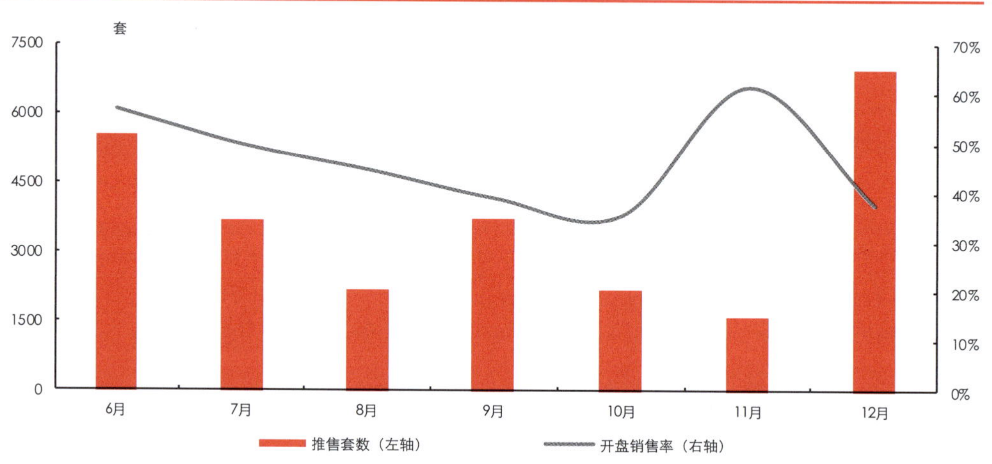

数据来源：深圳中原市场研究部

13.2.3 响应政策 降价开盘全面优惠促销

在成交全面萎缩的情况下，年底资金的压力越来越突出，在市场跌声一片，越来越多的低价楼盘入市，而面对年底最后冲关，开发商不得不加快入市步伐，很明显的，价格在这一时期成为挑动博弈之弦的关键因素。于是，11 月份的营销活动更多地是瞄准价格，价格竞争越来越激烈，越来越多的楼盘以更贴近市场的价格入市，而此时，开发商的定价开始变得越来越被动。

12 月份开发商年关冲击销售业绩的最后时刻，全市出现了一次推盘高峰，但平均销售率不到 4 成，试探市场底线的时机已过，开发商开始了全面促销。除了总价减一定额度之外，有开发商推出购房送购车基金、购房送出国旅游、免物业管理费、送家电家装等等，花样百出。此时，作为全国房企的代表——万科，即启动了“万团大战”，其旗下多个楼盘联合促销，并形成全国联合销售的模式，以求在最快的时间内出货。其中金色领域三期入市，就低于一期 3000 元 /m^2 的均价。此外，在刚需主市之下，以大户型为主的楼盘则劲推“一步到位”置业计划，积极引导改善型需求入市。

13.3 楼市深陷僵局 开发商“以价换量”

房价下降是开发商资金链紧张、购房者持币观望的必然结果。年底开发商销售任务、回款、支付工程款等的压力最大，不少开发商也会抓住最后的时机低价走量积极销售。从当时的市场形势来看，各种营销力度不断加大，越来越多的开发商主动开始以价换量。但是，观望情绪不断加重，开发商的小幅降价、促销未能带来交易量的提升，如 12 月份新推的圣拿威、绿景香颂、果岭、熙和园、金座等的开盘销售率普遍低于预期，有的甚至出现个位数的成交量，用“惨淡”二字来形容也不为过。与之相反，中泰•南山一品则出现较好的销售成绩，由于此楼盘集区域优势与价格优势于一体，综合性价比很高，很受市场欢迎，开盘销售率达 95%；同样的，12 月底入市的万科•翡丽郡，以低于附近西荟城 3000 元 /m^2 均价入市，也取得了 60% 的销售率。

事实再一次证明，只有一步到位的大幅降价，才能取得“以量换价”的实效，那些逆势而为的企业，以豪宅为主、不肯降价换销量、在价格上较为坚持的，都有可能在本轮调控中失去独立的生存空间。

13.3.1 直接降价

当买方市场已完全形成时，刚需主导市场的格局也逐渐显现，开发商更需要在价格上做出更深层次的让步，才能达成交易。而此时，各种政策叠加效应已完全释放，2011 年下半年，首先是“金九银十”的彻底幻灭，继之 11 月开发商放慢推盘速度，而 12 月开始，开盘活动明显增多，价格方面已远远低于预期，绝大部分楼盘甚至以远低于政府限价范围入市，但并未因此带来成交量的提升，12 月份的第一、二周成交量依然处于低位，二手房进一步拉开降价幅度，楼市寒气加重。

深圳市典型项目成交一览（2011 年 9—12 月） 表 13-1

推售日期	项目名称	开盘均价（元 /m^2）	销售情况	价格变化情况
2011-09-10	首地容御	38000	3 成	低于前期价格 5000
2011-09-24	潜龙曼海宁	22500	7 成	低于前期价格 4000
2011-10-12	万科公园里	19000	4 成	特价房，降幅 10%
2011-10-22	花半里	13500	3 成	均价直降 3000-5000
2011-11-04	招商观园	12000	6 成	低于前期价格
2011-12-02	万科璞悦山	23000	6 成	低于前期价格 4000
2011-12-03	金色领域三期	13000	2 成	低于一期价格 2000
2011-12-03	招商果岭	16000	3 成	低于片区价格
2011-12-03	绿景香颂	16500	3 成	低于片区价格 2000
2011-12-07	中泰•南山一品	25000	9 成	低于预期价格
2011-12-17	万科•翡丽郡	10000	6 成	低于附近西荟城 2000
2011-12-18	锦绣御园二期	16000	7 成	低于一期价格 3000
2011-12-24	万科•金域缇香	9500	8 成	低于前期价格 1500
2011-12-24	汉京确悦	18000	6 成	低于同片区泛海拉菲 5000

数据来源：深圳中原市场研究部

在这种市场背景下，首先是龙华的花半里，引领市场潮流，牵出了大幅直接降价的势头，一个月的时间，均价调制12500元/m^2，比首次开盘17800元/m^2的均价大幅降低了5300元/m^2，也因为此次大幅度的降价，让花半里保持了近9个月的热销势头。符合刚性需求的、价格一步降到位的楼盘，更容易被市场接受。于是，多个楼盘紧随其后，打出了直接降价的旗号。2011年底有多个楼盘采取直接降价的方式促销，其中，典型的有华侨城片区的首地容御，89m^2户型直接降价至28000元/m^2起，均价38000元/m^2，远远低于前期43000元/m^2的均价。

13.3.2 回购协议

2011年底至2012年初，楼市持续低迷，此时尚处于观望中的购房者，对后市比较悲观，即使价格在降，他们仍在犹疑是否还会再降，开发商很及时地捕捉到这种心理，便有楼盘打出"三年后楼盘若跌价，将以原价保值回购"的承诺。先是绿景香颂，自11月24日起就推出"保值回购置业无忧"计划，提出购房者3年后可以选择原价卖回给绿景，完全规避房价下跌的风险；11月26日十二橡树庄园在推出开盘直减20万的情况，也推出了"三年回购，5%增值计划"；振业•峦山谷也启动"岁末筑家钜惠季"，并推出"三年保值回购"计划。

此后，市场上多个开发商开始倡导保值回购、置业无忧，既响应政府调控政策以明显低于政府限价开盘，同时为保障消费者利益，特别推出"保障回购计划"，正是针对当时市场低迷、限价看跌的市场环境而推出的营销手段。其出发点是应对房价下跌，为购房者扫清未来疑虑的做法。此番营销手段，更像是一场赌局，能否最终赢得市场面临挑战还有待考验。

13.3.3 首付一成

2011年底至2012年1月份，深圳楼市的总体特征表现为：政策调整、成交低迷、价格回落，这基本上是谷底期的市场表现。由于1月份存在元旦、春节等因素的影响，成交创历史新低，春节期间，多个楼盘处于零成交、零访客状态。春节后楼市成交数据持续出现了环比回升，但2月初市场复苏非常缓慢，为了刺激刚需，进一步降低其入市门槛，首先有宝安的云顶嘉园抛出首付一成的促销手段，开盘当天即售罄；港澳8号也采取定时首付一成的促销手段，也创了开盘后首次销售高潮。顿时，深圳市场上出现多个楼盘高举跟进，高呼"一成首付"，开发商以垫首付的方式，吸引更多的刚需群体，而这一举措对于刚需来说收效甚大，新一轮的降价潮正逐渐揭开序幕。

13.3.4 创意活动

逆市之下，开发商更加注重自身的品牌建设和维护，创意活动是其重要的营销手段之一，在整个产品的销售周期中，创意活动可以说贯穿始终，起着非常重要的作用。毋庸置疑，创意活动确实能够营造良好的市场氛围，吸引不少眼球，并有助于刺激消费，引导购买，也因此，创意活动纷繁，数不胜数。

在这一轮调控过程中，主题鲜明的并始终如一的当属花半里。早在产品未入市之时，项目就已启动创意活动，2011年的2月份，在临近的地铁口发送浓情玫瑰花，目标锁定80后刚需群体；而在2012年的2月份，再次派送9999朵玫瑰花，将关爱身边人的活动进行到底，也因此吸引了特别多的年轻置业一族。此外，在刚需抢夺战中，最具市场影响力的，当属来座山的"丈母娘计划"，再次凸显其产品的刚需化，迎合市场趋势。

13.3.5 节日营销

开发商利用节日推出营销策略，是很好的促销方式，也有利于扩大其市场影响力。开发商往往擅于利用节假日及春交会、秋交会等推出各种营销活动，吸引客户，在各种节日里举办相应活动也已成为传统营销方式。

当大运营销逐渐收尾，加之政府限价的影响，更多的节日营销也偏向于价格调整。如佳兆业•大都汇，举行“88 折秒杀周”活动，大幅折价营销；金色领域在五一期间推出特价豪装单位，购房可享总价减 10 万的优惠。

2011 年十一期间各开发商更是利用假日气氛，纷纷在价格上做文章，如表 13-2 中，多个楼盘在十一期间都有明显的调价行为。

深圳市十一期间的价格变化（2011 年） 表 13-2

楼盘名称	前期价格（元 /m²）	十一期间价格（元 /m²）
睿智华庭	14000	12000
首地容御	38000（毛坯）	31000-32000 （带 4000 元 /m² 精装） 29000-30000（毛坯）
花半里	17800	12500~16000
公园里	16000~21000	19000
潜龙曼海宁	24000	22500
清林径	14300	13000
和谐家园	23000	21000

数据来源：深圳中原市场研究部

而相对而言，2012 年的“五一”及春交会期间，深圳楼盘的优惠幅度并不大，如深港一号，特价单位的优惠幅度仅仅比均价减少 3000 元 /m²，并非如此前宣传的单价直降 8000 元，且此项目处于清盘阶段。此期间价格上的有限调整，也因此导致传统的成交黄金期成交量下挫。

深圳市五一期间部分楼盘优惠情况（2012 年） 表 13-3

楼盘名称	区域	主力户型	价格（元 /m^2）	优惠（春交会期间）
深港一号	福田	38~60m^2 1~2 房	24000	特价 21000 元 /m^2
廊桥国际	福田	72~108m^2 2~3 房	28000	18 套特价，25000 元 /m^2
彩天怡色	福田	52~170m^2 复式、平层	23900	9 套复式一口价 195 万
嘉葆润·金座	福田	35~61m^2 复式	41500	40m^2 以下减 3 万，40~50m^2 减 4 万，50m^2 以上减 5 万
嘉州富苑	福田	79~109m^2 2~5 房	26000	最高免 4 年物业费
万科红	布吉	77~102m^2 3 房	18000	买房送 5 万软装置业基金
御峰园	龙岗	182~204m^2 联排别墅	20000	春交会期间正常折扣外另加 1 个点的优惠
绿景香颂	龙华	35~126m^2 1~4 房	16600	按揭 99 折，一次性付款 97 折
星河盛世	龙华	75~170m^2 2~4 房；50~60m^2 公寓	23000	96 折

数据来源：深圳中原市场研究部

13.3.6 网络营销

网络营销已经成为时下最为流行的营销方式，而房地产与之结合，则属起步阶段。但是，网络营销整体的效果还是颇为良好，客户的接受度比较高。系列微电影、Apple 热门程序广告（定位功能，热门资讯功能）、淘宝互动体验店、团购网站合作拍卖等，都是网络时代的房地产营销创新。由 SOHO 发起的淘宝拍房活动，虽然人们对此种买房方式尚存在诸多疑问，操作环节上还有很大的局限性，但终究代表着中国的房地产正式向前迈进了一步。随后新浪乐居联合发起的“电商联盟”，更代表着房地产进入了真正的网络营销时代，虽然无现场氛围的促进和挤压，其销售效果有限，但是，这代表着一种趋势。无可否认，网络营销更具有信息互动性。

正是这种营销潮流的带动，深圳市场上也不断出现网络营销创新，如学府道：2011 年 11 月 19 日举行“亲子秀”网络征文活动；南山一品：开通官方微博，以“吃喝玩乐·一品南山”为主题进行有奖竞猜；万科：2011 年 11 月 12-20 日启动“网络团房行动”（即挑三拣四活动）红星美凯龙、苏宁、茂业百货的会员可以参加团购，包括清林径、公园里 100 套团购单位，报名可享 9.3 折优惠，活动期间单个项目成交 10 套以上，享额外 5% 优惠；海境界：在项目官方微博和论坛上举办以“女人，最伟大的梦想家”为主题的网络活动；3 月 9 日，由星河盛世出品的《得中心者得天下》系列微电影第一集正式上线，宣扬了星河地产“做市场先锋，走品牌之路”的经营理念。网络的应用，使房地产营销步入另一个更新的阶段，通过网络信息互动，更有利于楼盘蓄客及扩大影响力。

13.4 市场复苏 营销纷呈

2012 年 2 月 18 日，银行存款准备金率的再次下调，让首次购房者有望享受更多信贷支持。届时，已有多个楼盘逐渐出现成交活跃的现象，如招商果岭、花半里、瑞泽佳园等楼盘，成交均较为活跃，楼市由此出现了回暖的迹象。根据深圳中原市场研究部监测的数据显示，存准率下调的首周，周成交套数为630套，成交面积为 5.45 万 m^2，基本上恢复到年前水平。当 6 月 8 日、7 月 6 日央行分别两次降息，坚定了市场预期的转向，市场开始大幅回升，6 月份全市成交套数超过 9000 套，即将接近正常成交水平，市场进入较为稳定状态。

两次降低存款准备金率和两次降息，市场预期经历了波动到最终彻底转向，楼市也随之筑底成功，并逐步回暖，直接降价等逐渐淡出市场，总价减一定额度的促销手段也鲜有出现。此时，开发商便抓住市场利好信号的传导，迅速把握时机，更多的营销活动是针对即将入市的新盘所做的前期市场预热。

13.4.1 开发商调价试水 多低调开盘

自 2 月份金融政策的微调之后，各种利好信号不断传来，但此时市场预期尚不稳定，便有部分开发商调价试探市场，万科系的楼盘如万科•翡丽郡、万科•金域缇香、万科•璞悦山等均有2000 元 /m^2 左右的上涨，虽然有可能是为之前价格下降的回调，且调涨的幅度不高，但由此可以看出，市场预期开始逐渐转向乐观。而此时尚处于政策敏感期，多数楼盘开盘均采取低调行为，如在开盘之前只内部通知认筹客户、比公开开盘时间提起解筹不对外公布等等，足可以看出，这一期间市场多方角力，开发商想要抬高价格、提高利润率，但需要面临市场的考验，也要冒着挑战政策的风险。

13.4.2 预期转向 热点区域热点楼盘受追捧

6 月 8 日央行宣布 3 年内首次降息之后，位于龙华的莱蒙•水榭春天 5 即开盘，推出 1406 套单位，均价 21000 元 /m^2，开盘销售率即达 8 成以上。价格实际上比前期 19000 元 /m^2 要高，但仍是创造了逆市下的热销佳绩，且成为此次预期转向的标志性楼盘。

由于政策导向，龙华区目前已成为前海规划里最热点的发展区域，该区域的楼盘也是近期颇受市场热捧的，4 月底入市的星河盛世，其销售成绩也堪属逆市之下的亮点；而预期彻底转向后，于 6 月底入市的美佳华•首誉，也创造了 8 成以上的开盘销售率。这些都证明了热点区域热点楼盘带动成交的明显特点。

13.4.3 联动不断 豪宅也疯狂

当政策压市、销售速度仍未达预期的情况下，开发商便加大利用中介机构的庞大客户资源，加快销售步伐。于是，多个楼盘开始启动中介机构的二、三级联动，转介如火如荼的进行中，尤其是豪宅部分，目前已有多个豪宅别墅项目已加大转介点数，并已取得不错的成效。

深圳市转介楼盘一览 表 13-4

楼盘名	区域	户型	转介点数
皇庭玺园	大梅沙	别墅	3.5%+18 万
爱琴湾	大梅沙	别墅	3.0%+18 万
和黄・观湖园	龙华	240 双拼	2.0%
御峰园	龙岗	平层、洋房、别墅	2.5%
凯旋湾	龙岗	双拼别墅	2.0%
东港印象	盐田	115~138m^2	2.5%
紫园	南山	别墅	1.5%
观澜湖	龙华	别墅	2.0%
摩尔城	龙岗	82~144m^2	2.5%
金阳成	龙岗	42~80m^{2}1~3 房	2.5%
卓弘高尔夫雅苑	龙岗	76~120m^2	2.0%
伍兹公寓	南山	大面积平层	1.3%
招商・兰溪谷	南山	别墅	1.8%
水榭山	龙华	别墅	2.0%

数据来源：深圳中原市场研究部

13.5 总结

13.5.1 变换格局下 营销助破局

营销策略的调整，往往是跟随着市场走势的。深圳楼市自 2011 年下半年至今，经历了下探、低迷、见底、回升这样一个周期，开发商也随之由最初的试探市场，到观望，到打起降价牌，再到调价试水，运用了多种营销策略，价格牌、创意活动、节日营销、各种网络资源的利用等等，都凸显了营销活动在整个房产销售过程中的助导性作用，在逆市当中，这种作用显得尤为关键，甚至是开发商能否安然度过寒冬的必备条件，也是其是否可以跑赢大市、赢得市场的关键。

13.5.2 淡市营销策略建议

开发商对营销策略的选择和应用，对程度和时机的把握，在很大程度上决定了其是否可以制胜。综合各种营销方式，及之后市场的反应，可以看出，购房者的积极性与营销的力度有某种直接的关系，而对于淡市来说，行政政策不依不饶，金融政策开始逐个微调，刚需主导市场不容置疑，为保证楼盘的畅销路线，直接的价格促销效果最为明显，营销要凸显其产品定位，同时结合多样化营销，扩大各种资源整合，并发挥其最大效应，既保证产品顺销，又保证房企一定的品牌地位，这样，就会越来越容易被市场接纳，才会在逆市中迎难而上。

第 14 章 福州大东区发展提速 一轮旭日自东升

福州中原资源中心市场研究部　杨雪梅

根据近期福州市政府关于福州市“大都市区”的部署，福州市城区版图正在迅速外扩，更广阔的机会与舞台摆在面前。一个金山板块，就让楼市火了 10 年之久，新兴片区的发展潜力可见一斑。在金山、五四北等新区开发相继进入末期之后，“沿江向海”的发展思路日渐清晰，向东挺近几乎成为人们的共识。

就在东区引发了各界广泛关注之后，“大东区”的概念一出，即迅速走红。按照市政府的规划，“大东区”将在原有“东区”的基础上大幅外扩，涵盖马尾新城、东部新城、东江滨三大板块，并同时将仓山、长乐、连江等部分区域海纳其中，全线接力大福州的发展步伐，并逐渐成为未来数年楼市开发的主要方向，新一轮的开发建设也将带动楼市版图的重整。

图 14-1 福州市大东区规划范围图

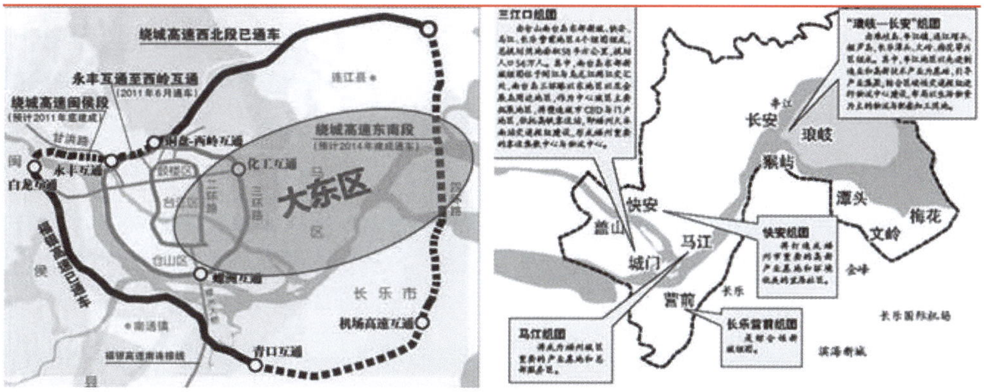

资料来源：福州中原市场研究部

14.1 福州发展一路向东 大东区走红

14.1.1 马尾新城规划落地 大都市区核心枢纽确立

经过全新修改编制的《马尾新城总体概念规划方案》于 2012 年 5 月新鲜出炉，根据最新规划，马尾新城由“三江口组团”、“闽江口组团”及“闽江、乌龙江、马江生态廊道”（“两组团一廊道”）共同构成，跨越闽江口“三江两岸”，总规划面积 740km^2，范围包括目前的马尾全区，仓山区城门、盖山，长乐市营前、潭头、文岭、梅花、湖南、金峰，连江县　头等片区。马尾新城将成为未来福州市新城的核心区、先行区、示范区，构建福州市大都市区、实现福莆宁同城化的核心枢纽，支撑平潭开发开放的重要平台。

在功能布局上，马尾新城由三江口组团、闽江口组团和闽江、乌龙江、马江生态廊道组成。通过驱动“两组团一廊道”建设，马尾新城将引领福州市城市空间扩展，加快“东扩南进、沿江向海”发展步伐，凸显闽江口“金三角”地区的独特价值，推动福州市向滨江滨海的现代化国际大都市迈进。

马尾新城正得到更多的关注，各项规划建设工作也在有条不紊的进行。政策支持及金融助力等一系列的推动力将带动马尾新城乃至整个大东区飞速发展。

图 14-2 福州市马尾新城效果图

资料来源：福州市规划局 福州中原市场研究部

14.1.2 东江滨与东部新城交相呼应 大东区沿江而行向海而生

图 14-3 东江滨及东部新城范围图

资料来源：福州市规划局 福州中原市场研究部

时间若退回到十几年前，当时的东江滨以及东部新城还都只是“不毛之地”，除了拥有江滨一带的滨江景观外，再无长物。然而，就是这一片荒凉之地，乘着海西建设的东风，借着“大福州”东扩战略的势头，迅速被激活。

东江滨，在名城地产“1800 亩恢弘版图”的带动下，正式进入“大盘时代”。东部新城更是概念一出便全速前进，林浦、三江口及福州市火车南站片区都在大力建设。

也正是因为有了如此清晰的规划和建设，大东区的轮廓才愈发鲜明，发展步伐日益稳健。

14.2 整体布局 配套先行 大东区迎来大开发

14.2.1 土地供应密集放量 大型配套带动发展

从 2009 年起至今，东部新城、马尾新城的土地供应明显增多，大东区土地市场显得格外活跃。东区地块大范围的开闸放量，成为撑起福州市土地市场的中流砥柱。从拉大城市框架以及多中心发展的需求出发，东区将是福州市下一步城市中心建设区域，其土地放量还将持续增大，市场活跃度也将越来越高。

据中原地产统计，仅 2010 年成交的土地中，位于东部新城的土地达到 7 幅，且以商服用地为主，总面积近千亩，占当年土地成交面积的 1/3。而在土地市场一片低迷的 2011 年，东部新城也成功出让 3 幅大宗地块，亦以商服、商业地块为主，成交总面积超过 1600 亩，占当年经营性用地成交总量的近 5 成。从土地供应来看，东区发展箭在弦上。而大比例地供应商服用地，也可看出东部新城的规划显然更为超前，配套也更为完善。而就在与东部新城隔江相望的马尾新城，土地的供应量也明显活跃起来，商务金融用地的供应尤为突出，而快安园区的规划建设也正在大力推进中。

从马尾新城未来供应情况来看，阳光城集团的 SOHO 及商住项目以及海西财富中心写字楼项目等多个商业项目也将带动本区的商品房产品结构调整。正在大力建设中的大型商业综合体——名城城市广场更是填补了此片区无大型商业广场的空白，不仅为东江滨提供了商业办公、购物、娱乐等多样选择，同时辐射整个大东区，影响着更多的消费人群。

图 14-4 福州市 5 区土地供应及成交情况（2010 年—2012 年 6 月）

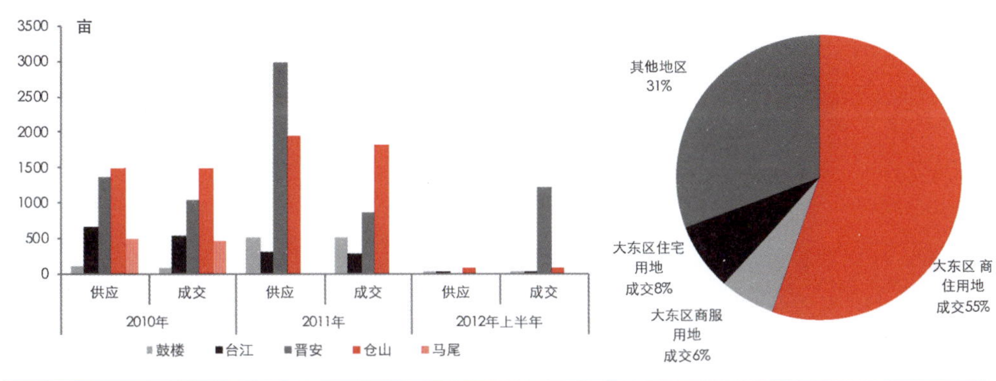

资料来源：福建中原市场研究部

从图 14-4 左侧柱状图不难看出，2010—2012 年 6 月期间，作为大东区的主力区域的仓山区及马尾区的土地供应量大幅增加，仓山区更是维持 5 区中较高水平，且有多幅大面积宗地集中出让，这些宗地大部分位于东部新城。图 14-4 右侧饼状图显示的是 2010—2012 年 6 月期间，大东区各类别宗地成交量占仓山及马尾全区成交量的比例，由于获得了福州市政府的大力支持，大东区土地供应及成交情况占比较高，且多以商住用地及商服用地为主，其中不乏规划有商业及娱乐休闲等功能的大型项目，为大东区打造配套设施。

以东部新城为例，福州市火车南站、福州市海峡国际会展中心均已经投入使用，此外各类活动中心以及星级大酒店也纷纷落户该区域，福州市行政中心的东迁也已经稳步推进，东部新城各种配套的先行建设为东区板块的崛起创造了前期条件，以配套带人气的形式也可以避免新城变睡城的尴尬局面。

福州市大东区土地供应情况摘要（2009 年 1 月—2012 年 6 月）

表 14-1

宗地编号	地址	土地用途	宗地面积（万 m^2）	建筑面积（万 m^2）	楼面价（元 /m^2）	竞得人	开发现状
09-07 号	仓山区 东部新城会展岛西北侧	商业金融、办公酒店式公寓	14.87	23.63	757	福建省世界闽商股份有限公司	世界闽商大厦
09-27 号	仓山区 海峡国际会展中心东北侧	商业金融、道路广场	7.74	11.60	204	福建中庚实业集团有限公司	中庚喜来登酒店
09-02 号	仓山区福峡路北侧 城门镇政府南侧	商业 居住用地	4.21	10.53	4740	福建中茵房地产开发有限公司	中茵上城国际
2010-49	南江滨东路东段西南侧 林浦洲地块，沿江地块	商服	3.20	9.61	1404	厦门航空	—
2010-51	福泉高速公路连接线北侧 潘墩小区一期地块	商服、居住	11.85	29.61	5028	刘建忠	红星国际（综合体）
2010-52	鼓山大桥连接线南侧 林浦路东侧，林浦一期地块	居住	19.84	49.59	3629	世纪金源集团	住宅产品
2010-53	霞洲路西北侧、林浦路东侧， 林浦二期地块	商服、居住	19.29	48.20	3626	世纪金源集团	酒店 + 住宅
2010-56	则徐大道东侧 原福州市汽车南站地块	商服、居住	3.90	9.35	5292	中茵地产	中茵上城美域
2010-57	则徐大道西侧 原市联合收割机厂及周边地块	商服、居住	1.28	3.05	9429	福州市深深房地产开发有限公司	博仕后世家
2010-58	则徐大道西侧 原福州市铅笔厂北地块	商服	3.02	6.94	3298	正祥集团	仓山正祥广场
2011-19	福厦高速路连接线东侧 三江口高级中学南侧 规划南江滨路北侧	住宅用地 商服用地	40	61.81	712	福州市新海岸旅游公司	大型文化旅游项目
2011-26	仓山区 三环路北侧、 齐安路东侧。	商服、住宅	62.22	89.06	1580	利嘉实业（福建）集团有限公司	大型私人三甲医院 老年人养生村 以及海峡医药物流园
2011-29	仓山区林浦路与 霞洲路交叉口西南侧	商服用地	6.54	17.02	3003	红星美凯龙有限公司	大型地下商业、电影院
马宗地 2010 挂 - 04 号	福州市马尾快安 64 号地块	商业、商务办公及酒店式公寓用地	5.70	28.00	1822	名城地产旗下的福建顺隆实业	名城地产旗下的福建顺隆实业
马宗地 2012 挂 - 02 号	快安园区 29-5 地块	商服用地	1.88	6.58	1518	王小钊	商业金融业（兼容商务办公）用地
马宗地 2012 挂 - 03 号	马尾区马江园区 罗星路西北侧	商服用地	1.43	4.00	2343	周辉	商业建筑为集中式商场并设置“3D”影院，建筑面积≥5000m^2，设个以上放映厅

资料来源：福州中原市场研究部

14.2.2 热点项目引关注 整体量增价升

透过一组组项目销售数据，我们不难理解福州向东的深刻含义，大东区的价值伴随着“东部大开发”的势头正在日益凸显，大东区从荒凉之地迅速改头换面，从单一社区项目到大型项目再到城市综合体，大东区的项目开发模式日渐成熟，而区域内的代表项目销售价格也水涨船高，显示出强劲的竞争力。以打造江滨景观豪宅为主的名城系列大盘自然不必说，就连先前少人问津的东部新城片区，也伴随着“东部新城”的战略规划，地铁及相关配套的完善以及相关政策的扶持而得到了更多人的关注。

福州市大东区热点楼盘列表（2012 年 6 月） 表 14-2

项目名称	区位	物业类型	建筑面积（万 m^2）	在售主力户型	销售均价（元 /m^2）	关注点
海西佰悦城	东部新城	综合体	55.00	SOHO：77~102~155m^2、住宅：90~140m^2	SOHO：7000 住宅：10000	东部新城唯一城市综合体项目
中茵上城美域	东部新城	高层住宅	11.45	35~140m^2	12000	东部新城地铁沿线住宅
中茵上城国际	东部新城	高层住宅	4.21	67~133m^2 2~4 房	12000	东部新城地铁沿线住宅
东方名城	马尾新城	高层住宅	150.00	140~162$m^2$3~4 房	15000	马尾东江滨 68 栋豪宅建筑群
名城银河湾	马尾新城	高层住宅	41.60	72m^2 1 房、132m^2 3 房、178m^2 4 房、201m^2 5 房	8200	刚需型江滨住宅
新大陆壹号	马尾新城	别墅 + 住宅	60.80	80~150m^2 高层住宅、224~303m^2 联排别墅	别墅最低起价 500 万元 / 套	北江滨大道上唯一的别墅项目
阳光凡尔赛宫	马尾新城	高层住宅	50.00	98~220m^2	—	待售

资料来源：福州中原市场研究部

14.3 大东区前景不俗 旭日东升已可期

“东扩南进，沿江向海”已经成为福州市城市规划的明确方针。随着金山及五四北的陆续建设及完善，两大片区开发逐渐进入后期，而大东区仍然属于较新的概念，随着此片区轮廓的日渐清晰，开发价值也日益凸显，大东区将成为未来房地产开发建设的又一方向。

大东区拥有大片待开发的土地资源以及多个大型在建项目，其开发前景非常广阔，加之政府清晰的规划引导，该区具备超强的可塑性。回首现已日渐成熟的金山片区发展模式，不难总结出新兴片区的共同发展轨迹，大东区的发展将获得更多的经验支持。一个新区的诞生，房地产开发占据着至关重要的位置，而新区的建设及开发也将获得更多的政策支持与发展良机，虽然新区成熟尚需时日，但大东区的前景依然可期。

作为省会城市，福州市的核心城市优势明显，由中心城市向周边拓展，寻求联动发展的态势也日益显著。而大东区概念的提出，将带动福州市朝着大都市区的方向发展，并产生强力辐射，吸引周边城市成为福州市的腹地，强化福州市的城市综合竞争力。因此，大东区将成为未来福州市城市建设的核心关键词，引领大福州稳步向东进发。

第 15 章 星城地产新时代 城市综合体备受青睐

湖南中原策略研究中心　唐涛

随着城市经济的飞速发展、现代化建设的稳步推进，一个基本具备了现代城市全部功能的新兴群体应运而生，它就是城中之城——“城市综合体”。

长沙市的城市综合体市场当前正群雄逐鹿，大盘云集，量大价高产品多。受景观和交通配套资源的影响，大部分项目都集中在湘江两岸和几大新兴板块，充分利用资源，展望未来的发展潜力。同时，随着长沙市城市的发展，北辰、万达、保利、华远和本土的运达、建鸿达等企业纷纷高价拿地，以实力铸造品牌项目，以规模领衔市场，进一步推动城市综合体市场的发展。

长沙市综合体的发展正处于高速阶段，大项目、大品牌、高档次成为特点。众家纷争，长沙将开满综合体这朵魅力的奇葩。

15.1 新兴业态引领潮流 外来开发商竞相分羹

城市综合体，一个将商业、办公、居住、酒店、会展、餐饮、文娱和交通等城市生活空间中的 3 项以上进行组合，并在各部分间建立一种相互依存、相互助益的能动关系，形成集多功能、高效率于一身的建筑群体。

大型城市综合体适合经济发达的大都会和经济发达城市，通常酒店、写字楼和购物中心是最基本的组合。作为新兴的二线发展中城市，长沙市的综合体项目需要汇聚 4 星级以上酒店，写字楼，集中性商业及住宅等功能。

15.1.1 万达开创先河 大型综合体开发迅速蔓延

自 2010 年，万达先行进驻，打造了长沙市首座综合体项目——开福万达广场，并取得轰动效应。随后，保利、北辰等外来实力开发商相继跟随进驻长沙市，以雄厚的经济实力，丰富的开发经验和良好的品牌效应抢占长沙市综合体市场先机。此外，本地开发商建鸿达也嗅到了商机，其建鸿达・万博汇项目雄踞长沙市优质地段，成为雨花区的新商业中心。

图 15-1 长沙市开福万达广场

数据来源：湖南中原策略研究中心

根据中原 2012 年 6 月的调研情况，长沙市在售和待售的综合体项目共 20 个。在售项目主要集中分布于经济文化成熟，交通便利，发展潜力较大的湘江两岸、五一中心商圈和武广新城等区域。而待售项目则集中在开福区的国际金融区、雨花亭东塘商圈等新兴规划区。

长沙市大型综合体项目市场发展迅速，20 个项目中，5 个项目建筑规模超过 100 万 m^2，12 个项目建筑规模超过 50 万 m^2，两项占比达 85%。

长沙市部分在售 / 待售综合体项目（2012 年 6 月） 表 15-1

数据来源：湖南中原研究中心项目名称	占地面积（亩）	建筑面积（万 m²）	项目名称	占地面积（亩）	建筑面积（万 m²）
华远・华中心	235	84	第六都	276	70
万达广场	80	100	德思勤城市广场	560	156
世茂・铂翠湾	233	55	泊富国际广场	70	37
运达中央广场	137	52	奥克斯广场	101	45
北辰三角洲	110	537	华悦城	130	32
保利・国际广场	180	80	京投银泰・环球村	806	165
华晨・世纪广场	150	38	复地・崑玉国际	76	24
喜盈门・范城	96	32	顺天国际金融中心	28	17
万博汇	135	50	长沙市国际金融中心	180	98
中信新城	254	225	华创国际广场	59	22

数据来源：湖南中原策略研究中心
单位：亩，万 m²

图 15-2 长沙市综合体项目分布图（2012 年 6 月）

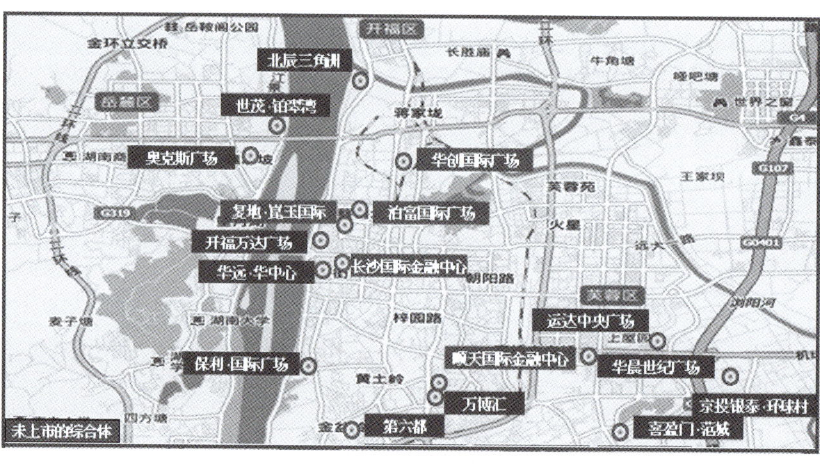

数据来源：湖南中原策略研究中心

15.1.2 雄踞半壁江山 实力开发商踊跃进驻

上述调研结果显示，长沙市综合体项目的开发商多来自于一线城市，凭借雄厚的资金和丰富的开发经验占据优质资源，抢占市场。相比之下，本地开发商的项目仅 4 个，多为市中心地带的小体量项目，其城市综合体项目的打造能力有限。

图 15-3 长沙市综合体开发商来源城市（2012 年 6 月）

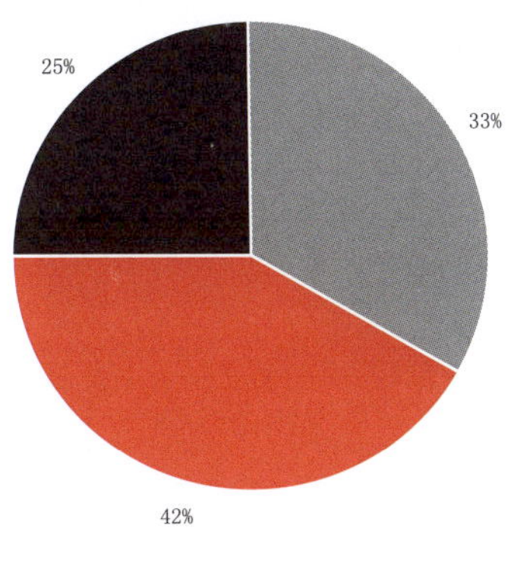

数据来源：湖南中原策略研究中心

15.2 资源优势提升价值 价格策略加速去化

15.2.1 依仗优质资源 综合体吸引中高端客群

长沙市综合体项目多分布于湘江两岸、城市中心及武广新城等地，以独特优质资源为核心，结合周边的配套，打造项目。例如万达、保利以江景为核心，运达以高铁交通为核心，长沙市国际金融中心则以成熟的商业、文化为核心等。

高端客户青睐精装江景豪宅，注重产品细节。例如万达、华远的主要客群多为集团高管，富豪和社会名流等。住宅产品价格约为 9000~18000 元 /m^2。

中端客户青睐品牌和升值空间，对于细节无过多的要求，产品多为毛坯。例如北辰三角洲、第六都、万博汇等项目的主要客群多为私营业主，公务员和企业高管等。住宅产品价格约为 4900~15000 元 /m^2。

此外，15 个在售的综合体项目中，商业产品项目有 8 个，价格约为 25000~80000 元 /m^2。写字楼产品项目有 5 个，价格约为 12000~18000 元 /m^2。价格及投资前景来看，均有较大升值空间，对中高端投资客群有不小吸引力。

15.2.2 价格决定销售 低价策略加速去化

长沙市的综合体项目销售状态参差不齐。部分项目运用了良好的宣传推广和价格策略，去化相对较快，例如开福万达广场、北辰三角洲的住宅和写字楼基本已售罄。而部分项目则保持较高的价格定位，去化相对较慢，例如保利和华远等项目的整体去化率尚不足 30%。2012 年上半年，整体市场低迷，价格竞争激烈，综合体市场不得不以低价策略抢占市场，加速去化。

长沙市综合体典型项目定位及客户认同点（2012 年 6 月）

表 15-2

项目	占地面积	建筑面积	总推售量	总成交量	销售率	主力产品	定位	客户认同点
开福万达广场	80	100	1668	1500	89.93%	240~280m² 的 3 房 2 厅	集高端购物中心、娱乐中心、高级酒店、时尚步行街、甲级写字楼等多种功能于一体的城市综合体	江景豪宅，精装，舒适度高
运达中央广场	137	52	1100	450	40.91%	150~179m² 的 3 房 2 厅	以高档商业和精装修住宅为主导，配以双五星酒店打造真正的国际居住和生活社区	双五星酒店，国际化居住环境，尊贵享受
华远·华中心	235	885	284	60	21.13%	260~300m² 的 4 房 2 厅	借助周边成熟的商业配套和文化氛围，打造长沙市精致和精细化的时尚高端综合体项目	江景豪宅，商业中心，休闲娱乐尽汇于此
保利·国际广场	180	80	2500	650	26.00%	140~170m² 的 3 房 2 厅	打造高端宜居住宅，采取了纯粹的商住分离，打造无底商建筑，再辅以诸多的高端配套，结合橘子洲头的主席头像，打造城市的精神领袖	多项长沙市创新服务，特色的配套
北辰三角洲	110	537	5000	4500	90.00%	130~160m² 的 3 房 2 厅	以高档住宅为主，建设长沙市真正的 CLD 城市休憩区	江河双景，500 万 m² 建面的综合体，优质的教育和文化配套

数据来源：湖南中原策略研究中心

单位：亩，万 m²，套

城市 Market

楼事 Story

数据 Data

15.3 城市版图规划扩容 多中心扩张助力综合体发展

随着城市的不断发展，长沙市城市核心已逐步扩大，从单一的主城核心发展到现在的多核，包括五一商圈、东塘商圈、红星商圈和荣湾镇商圈等几大核心。在未来“十二五”规划期间，长沙市将出现更多的新的中心，而地铁、轻轨等交通将更进一步带动综合体市场发展。

图 15-4 长沙市城市发展规划（2012 年 6 月）

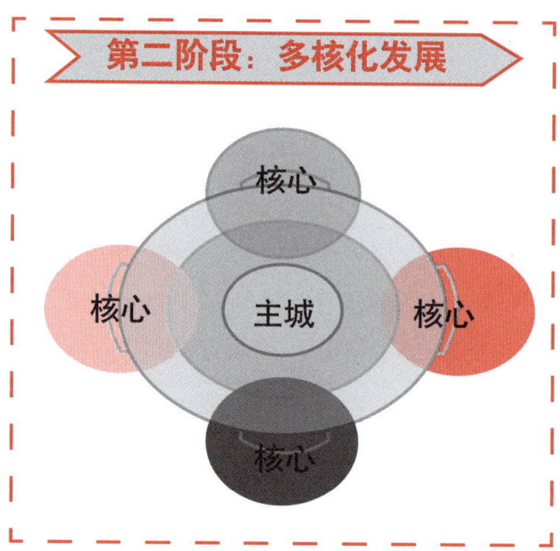

数据来源：长沙市规划局

15.3.1 第三产业比重提升 综合体发展奠定人气基础

长沙市的产业结构发展经历了 5 个阶段：

第一阶段，1978—1984 年，是以工业为主的第二产业发展较快的“二一三”模式。

第二阶段，1984—1995 年，是以农业为主的第一产业发展速度较缓，非农产业发展相对较快的“二三一”模式。

第三阶段，1995—2008 年，因工业发展不足、消费性服务业扩张，第三产业占比提高速度加快，并于 2000 年超过 50% 的“三二一”模式。

第四阶段，2008—2011 年，是工业快速发展，第二产业反超第三产业，回归“二三一”的产业结构。其中，2011 年第二产业占比达到 56%。

第五阶段，2012 开始，随着“十二五规划”的进一步发展，长沙市城市多中心崛起，地铁带动饮食、娱乐和商业等产业进一步发展，使得未来第三产业发展优势更明显。这是在三大产业发展均衡的状况下，第三产业比重再次提升的“三二一”模式。

随着城市的进步，产业模式也在随之逐步调整。“三二一”的发展模式将成为长沙市迈向发达城市的契机之一。

15.3.2 土地供求活跃 大宗综合体地块频频入市

随着城市的发展，人口和经济的不断进步，长沙市综合性的生活配套需求进一步增强，城市建筑的要求也随之提高，综合体项目应运而生，顺势腾发。自 2010 年的综合体市场萌芽开始，商住综合类土地供求稳步上升，其中大宗综合用地不断涌现，建筑面积超过 50 万 m^2，甚至 100 万 m^2 的项目频频入市。2012 年 6 月 12 日，梅西湖成交了一宗商住综合用地，占地 149.4 亩，容积率 3.7，成交总价 7 亿 4406 万元，楼面价为 2018 元 /m^2，竞得方为亿丰置业有限公司。地块指定建设高端城市综合体的地块，该项目将配建集中性商业、写字楼、公寓及超五星级酒店，预计将成为梅溪湖地区的未来地标。

15.3.3 重点规划发展 梅溪湖、滨江新城将成为综合体项目发展的热点区域

梅溪湖和滨江新城均属于长沙市“十二五”城市新规划的重点发展区域，借助雄厚的资金保障和国际化的发展规划，区域未来的综合体发展前景潜力无限。

2010 年 1 月—2012 年 6 月，梅溪湖和滨江新城 2 个热点区域的成交土地占据了长沙市整体土地的 1/3，从整体规划来看，该 2 个区域土地储备资源尤为充足。其中万科、恒大、绿地、世茂和方兴等大型企业也纷纷入手，绿地、世茂、奥克斯等企业更是直接以综合体项目抢占先机。

政府的支持、良好的开发环境及强大的潜力需求，这些均成就了该两大热点板块的迅速发展。综合体项目将成为该区域发展不可或缺的元素之一，未来前景无限。

梅溪湖、滨江新城及市内 5 区土地成交信息（2010 年 1 月—2012 年 6 月） 表 15-3

区域	宗数	土地面积（亩）	成交价（万元）	建筑面积（万 m^2）	楼面地价 (元 /m^2)
梅溪湖	12	96.3	599401	289.6	2070
滨江新城	11	59.4	418787	185.2	2261
市内五区	63	236.3	2201100	884.2	2490

数据来源：湖南中原策略研究中心
单位：公顷，万元，万 m^2，元 /m^2

图 15-5 梅溪湖规划效果图

数据来源：长沙市规划局

第 16 章 厚积薄发助片区价值提升 驱动筑巢引品牌房企进驻

昆明中原资源中心　马自巧

昆明市年温差为全国最小，素以“春城”而享誉中外，旅游资源丰富，获得宜居旅游的城市名片，是全省和滇中地区唯一的特大城市。昆明市有强大的辐射力和带动力，是云南省首位度最高的城市，经济正处于高速发展阶段，GDP 增速高于全国整体水平，并且城市内涵挖掘与外延扩张并举，发展势头强劲。城市内 382 个城中村改造和以滇池为中心，构建“一湖四片”昆明市城市区建设将创造巨大的房地产开发投资机会，强劲的消费力和购买力为昆明市房地产发展提供了巨大的支撑。我们认为，昆明市正处于依靠投资拉动经济为主的发展阶段，政府对品牌房企的招商引资力度较大，因此现阶段进入昆明市可以获取较多的优惠政策，万科、华侨城等大型房企已相继进驻昆明市。

16.1 百花齐放各具特色 规划前景潜力无限

按照昆明市房地产市场特性、价格、配套、优劣势等条件，把昆明市主城进行归类，昆明市主城区分为 5 个区域，分别为东市区、南市区、西市区、北市区、中市区。东市区为昆曲高速以南、二环东路以东，贵昆公路以北；南市区为贵昆公路、二环南路、大观路之间；西市区为龙泉路、一二一大街、二环西路、大观路之间；北市区为二环北路、龙泉路、昆曲高速公路之间；中市区为二环以内的区域。近郊按照区域分为呈贡、太平、安宁、空港、抚仙湖、阳宗海片区。

各区域百花齐放，各具特色。其中，中市区、南市区、北市区发展较为迅速，领先于其他各区；西市区正处快速发展阶段；东市区处于发展初期；呈贡区获政府支持而大力发展中；太平、安宁则发展势头较弱；空港、抚仙湖、阳宗海等片区价值初显，但潜力无限。

图 16-1 昆明市各区域分布图

数据来源：昆明中原资源中心

昆明市主城呈现出南北方向发展的格局，其中东市区房地产正处于发展初期，交通、教育、医疗生活配套不断完善中。随着外部交通环境的逐步改善，东市区将成为未来重点发展区域。南市区属于成熟的高端项目发展区，昆明市巫家坝机场搬迁后，该片区将释放出大量的土地供给。西市区是昆明市目前的热点区域，区域内产业基础雄厚，片区基础配套良好，区域发展迅速。北部片区发展相对较早，日趋成熟，片区的整体形象和城市面貌较好。中心区地处城市核心区，配套完善，优势明显，未来将以城中村旧改为主。

16.1.1 东市区：未来商贸发展区域 扼守昆明东大门咽喉

东市区东至东绕城高速、南至巫家坝国际机场、西至东二环、北到东三环的东连接线支线片区，现已被提升为昆明市的东部新城区、东大门，它将在未来昆明市主城、空港经济区、经济技术开发区与呈贡新城的“品”字型三足鼎立的格局中，发挥交会处的枢纽作用。

片区定位为以城市居住为主要功能，兼有商业金融、贸易咨询、旅游服务、教育科研等功能，依托空港经济区及周边区域，发展相关配套产业的城市综合片区。东市区大面积的可供开发的用地将成为主城区房地产开发的重要补充。由于拥有地段、资源等优势，该片区将成为房地产开发的新兴区域。东市区目前面市的项目较少，但万科、银海地产等实力房企的进驻，将掀起东市区的开发建设高潮。根据昆明中原截至 2012 年 7 月的监测数据，东市区项目万科白沙润园的洋房均价约 10300 元 /m^2，其带 1200~1500 元 /m^2 的精装修成本；东骧神骏二期的均价预计约 6800~7500 元 /m^2 ；锦康福缇等其他项目处于推广阶段。

图 16-2 昆明市东市区区域图

数据来源：昆明中原资源中心

16.1.2 南市区：交通、配套、资源聚集 未来豪宅集中片区

政府将南市区定位为旅游度假、体育休闲的新城。南市区具有历史文化与自然资源的优势，适合规划建设系列休闲度假中心，并可以发展以商贸流通、房地产、金融业和信息产业为核心的现代服务业。南市区是昆明市豪宅聚集区，连接昆明市主城与呈贡新城的核心区域。随着巫家坝机场的搬迁，南市区将迎来全盛发展期，是外来品牌发展商最集中的区域，中航地产、红星美凯龙地产、万达地产等实力房企均已在该区域进行房地产开发。根据昆明市中原截至 2012 年 7 月的监测数据，该片区以别墅、小高层物业为主，住宅均价约 7500~9000 元 /m^2。

图 16-3 昆明市南市区区域图

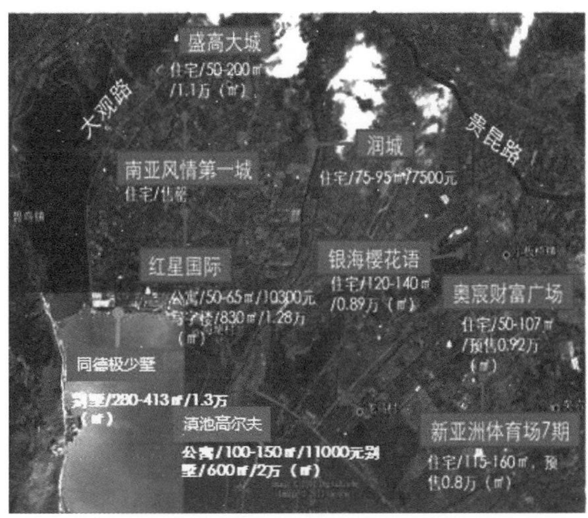

16.1.3 西市区：昆明“人居新大陆”价格“洼地”潜力巨大

西市区教育资源颇为丰富，众多重点中学林立，区域拥有北师大附中、师大附中、高新一中等教育资源。同时，随着大量企事业单位入住该片区，西市区已成为昆明市的高新产业园区域。西市区交通便捷，距离市中心较近，未来将建设“五区两带一港”，以城中村改造项目为主。目前，该区域进驻企业以本土房企为主，但也颇受外来品牌发展商青睐。根据昆明中原截至 2012 年 7 月的监测数据，西市区物业类型以高层建筑为主，均价约 7300~8000 元 /m^2，是目前昆明市的价格“洼地”，未来潜力巨大。

图 16-4 昆明市西市区区域图

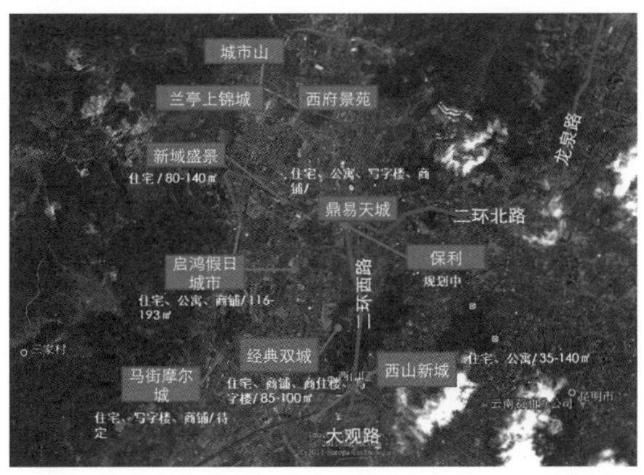

数据来源：昆明中原资源中心

16.1.4 北市区：位处“副中心”发展迅速 轨交助力价值提升

北市区是昆明市的副中心之一，是行政办公区、居民区、服务区兼具的综合性功能区。片区房地产开发已趋于成熟，是昆明市最适宜居住的区域。随着轻轨2号线于2012年底通车，片区价值将获得进一步提升，万科首个进驻项目就位于该片区。根据昆明中原截至2012年7月的监测数据，北市区目前的房地产开发以高层物业为主，住宅均价约8300~8600元/m²。

图 16-5 昆明市北市区区域图

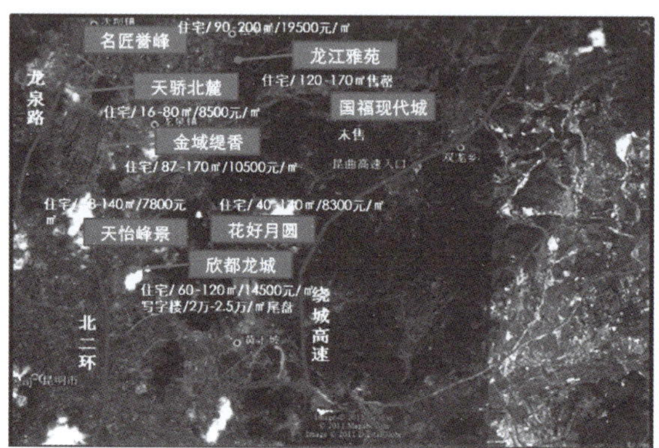

数据来源：昆明中原资源中心

16.1.5 中市区：传统商务金融区域 更新改造发展提速

中心区域作为昆明市的传统商务金融区域，集行政、文化、商业、金融于一体，配套资源齐备，生活便利。区域呈现“同心圆”发展趋势，房地产开发趋于成熟，未来中心区将以大量的城中村改造和城市更新项目为主。随着恒隆地产、香格里拉地产等外来品牌发展商的进驻，中心区的发展将大幅提速。根据昆明中原截至2012年7月的监测数据，中心区域的物业类型以写字楼、高层为主，住宅均价约9000~20000元/m²。

图 16-6 昆明市中心区域图

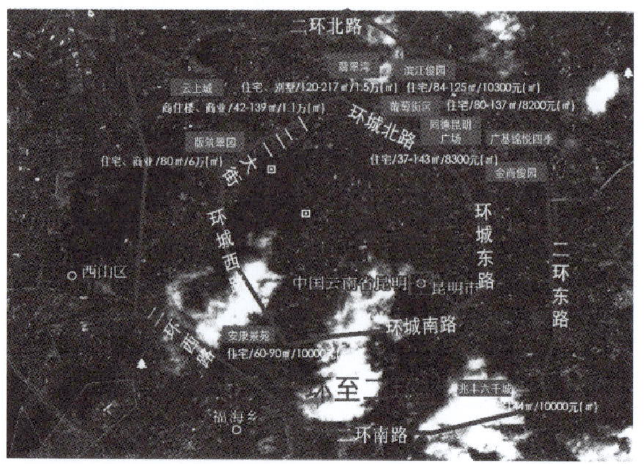

数据来源：昆明中原资源中心

16.1.6 呈贡：多项职能集于一身 “未来行政中心”带动区域迅速发展

呈贡位于昆明市主城区东南方向，距主城区 15km，规划控制用地 160 平 km^2，其中城市建设用地 107km^2，是现代新昆明市环滇池城市“一湖四片”中率先启动的新城。到 2020 年人口预计将达到 95 万。按照建设山水园林生态城市的总体布局，10 年内，昆明市呈贡新城将建设成为环滇池的东部新城，面向东南亚的物流中心、中国花卉交易中心、研发中心、现代新昆明市重要的行政文教及新兴工业中心。2011 年昆明市市政府正式搬入呈贡吴家营片区，未来该片区将成为昆明市新的行政中心，以此带动呈贡房地产市场迅速发展。随着行政级别和区域配套的不断完善，呈贡片区将吸引越来越多的昆明市客户来此置业、投资。根据昆明中原截至 2012 年 7 月的监测数据，呈贡片区商品房市场以定向开发为主，住宅均价约 4300~6500 元 /m^2。

图 16-7 昆明市呈贡区域图

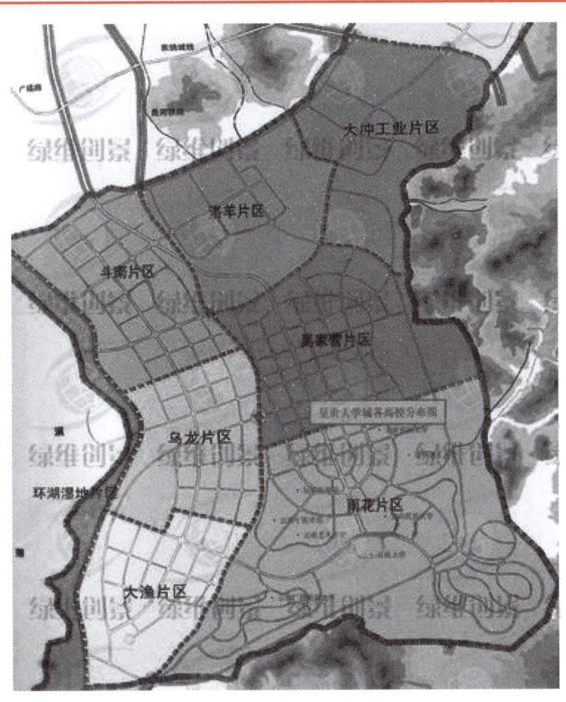

数据来源：昆明中原资源中心

16.1.7 空港：新兴区域初具规模 产业驱动发展向好

空港经济区位于昆明市官渡区，地处昆明市主城区的东北方，距主城直线距离约 24km，距呈贡新城和嵩明县城均约 26km。空港区是城市“十字”发展轴中纵向发展主轴上的重要节点，向北联系嵩明县城，向南联系呈贡新城及昆明市主城，具有重要的战略地位。2012 年 6 月，昆明市长水国际机场正式投入运营，这标志着空港经济区开始进入快速发展时期，未来配套设施建设有望大大提速。片区内部现已形成了以生态休闲为发展方向的片区定位，杨林工业园、职教园区等项目地区的周边产业链已初具规模，随着大量企业和人口入驻，区域内居住需求将大幅增长。目前空港片区的房地产市场正处于发展起步阶段，区域内项目较少，然而随着空港经济区规模的逐渐形成和区域配套的不断完善，片区未来发展前景向好。该片区项目物业类型以别墅、高层为主。

图 16-8 昆明市空港区域图

数据来源：昆明中原资源中心

16.1.8 阳宗海：高端休闲旅游度假 整体完善尚待时日

阳宗海区域定位为以休闲、养生、度假为主的昆明市国际旅游生态区，倡导减排、循环、增效、节能的低碳型生活。政府把阳宗海片区定位为“三区一名片”，即：高原湖泊治理保护开发的示范区、珠江上游重要的生态屏障区、国际知名的生态旅游度假区和昆明市区域性国际城市建设的新名片。根据规划，阳宗海旅游度假区只能开发高端旅游地产，重点开发旅游项目，辅助发展房地产产业。目前，深圳华侨城、香港高富公司、佳达利地产等品牌发展商已相继入驻该板块，形成了目前片区多个大型旅游地产项目蓬勃开发的局面。其中，阳宗海板块已建成的旅游地产项目形成了不错的市场影响力，但要将整个板块打造为高端度假胜地还需要较长时间的培养期，这将对开发商的资金实力有很高的要求。该片区的产品主要以别墅类产品、产权式酒店公寓和度假型多层洋房为主。产品都配有高端的配套设施。

16.2 深耕昆明市取之有道 品牌合作实现共赢

昆明市作为东南亚经济区的桥头堡城市，经济发展快、城市化进程发展迅速、基础配套设施大量投入建设，均为昆明市的房地产发展奠定了坚实的基础。同时，政府对于外来品牌招商项目给予优惠政策，对于外来品牌发展商而言，目前正是进入昆明市的黄金时期。众所周知，昆明市拥有得天独厚的自然资源，且四季如春，气候宜人，旅游资源极为丰富，无论是进行城市房地产开发，还是旅游地产开发都较为有利。

16.2.1 旅游地产、城中村改造 资金雄厚者入

目前昆明市土地放量较大，覆盖各个区域，外来品牌发展商进入昆明市可以根据自身条件选择合适的地块或项目。对于运营旅游地产的发展商可以选择昆明市的旅游度假区项目；而拥有一级土地开发能力，且资金雄厚的开发商可以选择昆明市的城中村改造项目。丰富的旧城改造经验和一级开发能力，能在城中村项目中降低风险，获得更好的机会。昆明市地段位置佳的土地项目基本为城中村改造，在旧城改造土地方面，为控制拆迁风险，可选择拆迁难度小的地块。

图 16-9 昆明市阳宗海区域图

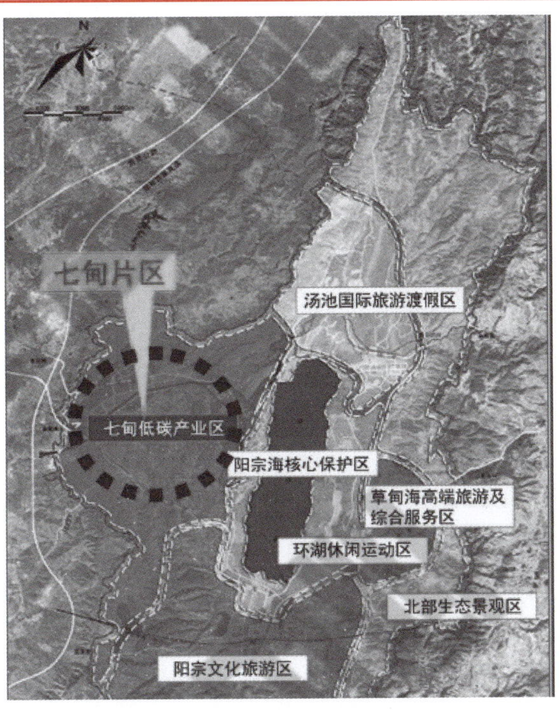

数据来源：昆明中原资源中心

16.2.2 “毛地”出让 本土合作实现双赢

在产品和影响方面较为精湛的开发商，可选择与本土企业合作开发等模式。昆明市土地出让基本以“毛地”为主，因此在产品打造方面，销售阶段的利润率和售价需要根据企业自身及资金运转情况决定。资金实力雄厚的房企可打造高端产品，以价格和品质取胜；其他可以选择以现金流产品为主，快速滚动开发，从而实现共赢的模式。

本土房企在产品、营销方面较弱，而外来企业在产品、营销操作等方面容易树立市场标杆，建立品牌知名度。通过本土房企可获得相关的政府资源渠道，以此得到政府高层的高度认可和支持，获批不同程度的优惠政策。

16.2.3 首席代理打造营销传奇 强强联合实现品牌落地

目前昆明市市场上项目运作主要聚焦在产品和价格方面。万科首个进驻昆明市的项目——金域缇香，选择了与扎根本土有丰富实操案例的昆明中原进行合作，打造了昆明市营销界的销售传奇。万科的进入，对于产品打造和影响方面，对昆明市市场产生了重大影响。

2010 年，万科进入昆明市，选择较成熟的北市区以项目购买的形式进行运作，营销方面则选择具有多年经验的中原地产，强强联合实现品牌落地。在品牌宣传、实现既定利润的基础上快速走货，创造了 2010 年昆明市北市区的价格标杆，曾一度出现“2000 人狂抢 500 套房源”的狂热场面。2011 年，销售楼盘在逆市中价格持续上涨，并于 2012 年上半年完美售罄。昆明市的客户较为认同本土品牌发展商，但昆明市同时也是喜欢追逐品牌的一个城市。因此，选择熟悉本土，且营销精湛的营销团队合作，将进一步在市场上占据重要的战略地位。

数据 Data

深 圳

深圳地产数据

福州地产数据

长沙地产数据

昆明地产数据

第 17 章 深圳地产数据

17.1 房地产投资环境

深圳市历年房地产市场主要指标表（2011—2012 年上半年）

表 17-1

指标	2011 年	2012 年上半年
GDP（亿元）	11502.06	5474.10
GDP 增长率（%）	10.00	8.00
固定资产投资额（亿元）	2136.39	919.13
房地产投资额（亿元）	590.21	266.22
住宅投资额（亿元）	393.35	176.84
写字楼投资额（亿元）	40.55	9.10
商铺投资额（亿元）	70.68	35.25
商品房施工面积（万 m^2）	3082.46	2649.44
住宅施工面积（万 m^2）	2089.87	1791.12
写字楼施工面积（万 m^2）	194.57	134.35
商铺施工面积（万 m^2）	325.14	262.18
商品房新开工面积（万 m^2）	628.47	442.67
住宅新开工面积（万 m^2）	417.49	285.69
写字楼新开工面积（万 m^2）	25.89	24.67
商铺新开工面积（万 m^2）	64.46	42.63
商品房竣工面积（万 m^2）	343.36	149.07
住宅竣工面积（万 m^2）	247.29	123.41
写字楼竣工面积（万 m^2）	20.97	0.28
商铺竣工面积（万 m^2）	36.39	6.74
商品房销售额（亿元）	1084.97	421.63
住宅销售额（亿元）	1007.28	390.01
写字楼销售额（亿元）	25.03	4.59
商铺销售额（亿元）	51.74	23.12
商品房销售面积（万 m^2）	512.15	233.42
住宅销售面积（万 m^2）	482.85	216.22
写字楼销售面积（万 m^2）	9.90	1.17
商铺销售面积（万 m^2）	18.79	12.43

数据来源：深圳市统计局

深圳市主要房地产政策一览表（2011—2012 年上半年）

表 17-2

政策名称	颁布日期	实施日期	发布单位	对房地产市场的影响
《深圳市地方税务局关于贯彻落实个人住房转让营业税政策有关事项的通告》	2011-02-14	2011-02-14	深圳市地税局	明确了个人住房转让营业税的适用范围和有关认定标准
限购令	2011-03-02	2011-03-02	深圳市规划和国土资源委	进一步规定了限购细则，声明不接受补交税单、社保等新规定，使得市场陷入观望，购买需求被抑制
深圳市房价调控目标	2011-03-29	2011-03-29	深圳市政府	明确要求 2011 年全市新建住房价格指数的涨幅低于本市年度生产总值和常住人口人均可支配收入的增长速度，高出多数人预期
广东省物价局关于商品房销售明码标价的规定	2011-05-23	2011-06-01	广东省物价局	《规定》要求商品房销售要实行一套一标价，经营者不得在标价之外加收任何未标明的费用，商品房销售需明码标价，便于购房者清楚了解楼盘的销售价格，同时也可以解决信息不对称问题
二手房评估征税新政	2011-06-09	2011-07-11	深圳市地税局、深圳市规划国土委	增加了交易费用，使得成交陷入低谷。深圳二手房交易按核实价和核定价两种方式征收个人所得税
《深圳市住房保障 2011 年度计划》	2011-06-13	2011-06-13	深圳市住房和建设局	落实“十二五：住房保障发展规划，2011 年深圳计划新增安排筹建保障性住房 6.2 万套，建筑面积 386 万 m^2，加大了深圳住房供应
“深度限价政策”	2011-07-13	2011-08-01	深圳国土局	进一步细化了限价令，对新增预售项目分面积段、户型、按月实行严格限价，一定程度上影响了楼盘的推售速度
《关于建筑设计审查有关控制要求的通知》	2012-01-10	2012-02-22	深圳市规划与国土委	对建筑设计中的住宅层高、住宅阳台面积、商业建筑、厂房等高度等作出了相关控制要求，有效的防止了”偷面积“行为，从设计角度来看，在一定意义上可以提高单位的使用率

资料来源：深圳中原市场研究部

17.2 土地市场

深圳市历年土地出让主要指标表（2011—2012 年上半年）

表 17-3

	土地公告情况			土地成交情况			
	宗数	占地面积（万 m^2）	建筑面积（万 m^2）	宗数	占地面积（万 m^2）	建筑面积（万 m^2）	土地出让金（亿元）
2011 年	63	266.38	837.31	55	238.67	766.62	190.75
2012 年上半年	36	134.88	286.20	18	84.65	131.47	28.21

数据来源：中原集团研究中心

图 17-1 深圳市可建面积前 10 名的房企入驻分布图（2011—2012 年上半年）

排名	开发商	区域	用地性质	土地面积（万 m^2）	可建面积（万 m^2）	总价（亿元）	楼面地价（元 / m^2）	日期
1	招商局	南山	商业服务业设施用地 + 仓储用地 + 港口码头用地 + 居住用地	69.76	170.00	64.39	3788	2011-06-30
2	地铁集团	南山	居住用地	17.12	26.98	21.04	7798	2011-09-22
3	港铁轨道交通，港铁物业	宝安	居住用地	8.94	20.62	19.77	9590	2011-08-18
4	宝安区投资	宝安	商业服务业设施用地	1.16	7.10	6.94	9771	2012-01-10
5	中海地产	龙岗	居住用地（安居型商品房用地）	4.87	20.44	6.20	3034	2011-05-26
6	大成基金	南山	商业性办公用地	0.41	5.80	5.94	10241	2011-01-18
7	广东喜之郎	南山	商业性服务设施用地	0.56	4.73	5.41	11438	2012-05-23
8	农村商业银行	宝安	商业服务业设施用地	0.77	5.52	5.38	9748	2012-06-14
9	中山证券	南山	商业性办公用地	0.37	4.15	4.44	10699	2011-04-12
10	中建钢构	南山	商业性服务设施用地	0.29	3.96	3.67	9268	2012-02-14

数据来源：深圳中原市场研究部

图 17-2 深圳市 10 大热点地块（2011—2012 年上半年）

排名	地块名称	关注点	关注信息	开发商
1	K202-0014	2011 年成交价最高的商业用地	成交价为：64.39 亿	招商局
2	A002-0037	2012 年成交价最高的商业用地	成交价为：6.94 亿	宝安区投资
3	T506-0018	2011 南山区成交价最高的居住地	成交价为：21.04 亿	地铁集团
4	A832-0853	2011 宝安区成交价最高的居住地	成交价为：19.77 亿	港铁轨道交通，港铁物业
5	T107-0011	2011 年商业地地价最高的地块	楼面地价：11836 元 /m^2	海王星辰
6	A511-0029	2012 年宝安区建筑面积最大的商业用地	建筑面积为：6.30 万	光明新城物业
7	T107-0015	2012 年南山区建筑面积最大商业用地	建筑面积为：4.73 万	广东喜之郎
8	G06304-0026	2011 年安居型商品房中建面最大的	建筑面积为：20.44 万	中海地产
9	A904-0270	2011 年安居型商品房中占面最大的	同地面积为：4.95 万	招商地产
10	T107-0067	2011 年第一块成交的商业用地	地块在南山后海中心区，多为发展总部经济且只能出售 40%	大成基金

数据来源：深圳中原市场研究部

图 17-3 深圳市各区居住用地量价分布图（2011—2012 年上半年）

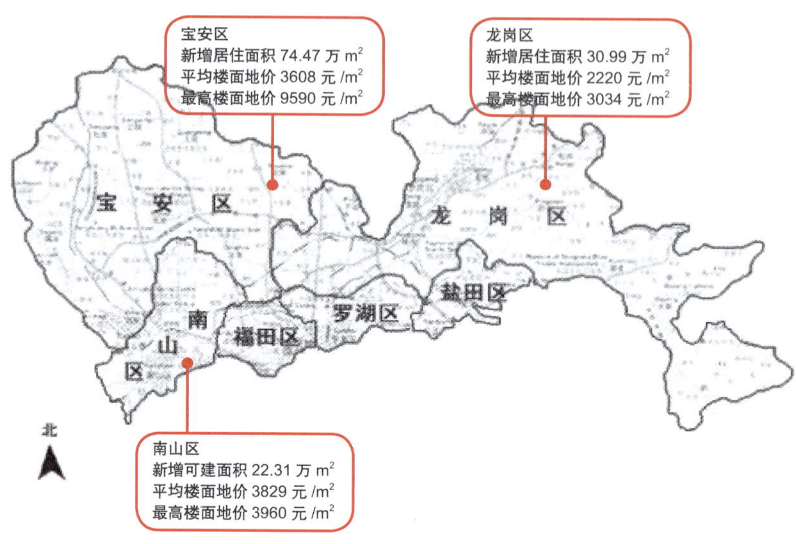

数据来源：深圳中原市场研究部

17.3 住宅市场

深圳市历年商品住宅市场主要指标表（2011—2012 年上半年）

表 17-4

时间	商品住宅市场			二手住宅市场	
	批准预售面积（万 m^2）	预售登记面积（万 m^2）	销售额（亿元）	销售面积（万 m^2）	销售套数（套）
2011 年	378.13	387.11	515.90	518.69	60665
2012 年上半年	150.08	121.13	279.32	170.31	20317

数据来源：深圳中原市场研究部

深圳市商品住宅供需情况表（2011—2012 年上半年）

表 17-5

区域	新增面积（万 m^2）	销售情况			
		销售套数（套）	销售面积（万 m^2）	成交金额（亿元）	成交均价（元 /m^2）
2011 年					
全市	380.04	31867	271.69	515.88	18988
中心区	91.45	6904	55.59	171.92	30926
次中心区	288.86	24963	216.10	343.97	15917
2012 年上半年					
全市	140.43	17858	157.35	279.34	17753
中心区	25.38	3486	27.49	79.26	28833
次中心区	115.05	14372	129.86	200.08	15407

数据来源：深圳中原市场研究部

图 17-4 深圳市公寓售价前 10 名楼盘分布图（2011—2012 年上半年）

排名	楼盘名	销售均价（元 /m²）	建筑面积（万 m²）	最近开盘均价（元 /m²）
1	世纪汇广场	52042	17.90	46000
2	嘉葆润金座家园	49054	10.00	43000
3	田厦国际中心	43589	19.04	40000
4	兰溪谷	38235	9.19	38000
5	首座	36958	2.74	37000
6	君临天下	31619	5.46	40000
7	天健时尚名苑	30534	2.08	35000
8	田厦翡翠明珠花园	28886	15.76	27500
9	四季丽晶公寓	26426	1.57	22800
10	桐林公寓	25872	15.76	28000

资料来源：深圳中原市场研究部

图 17-5 深圳市别墅售价前 5 名楼盘分布图（2011—2012 年上半年）

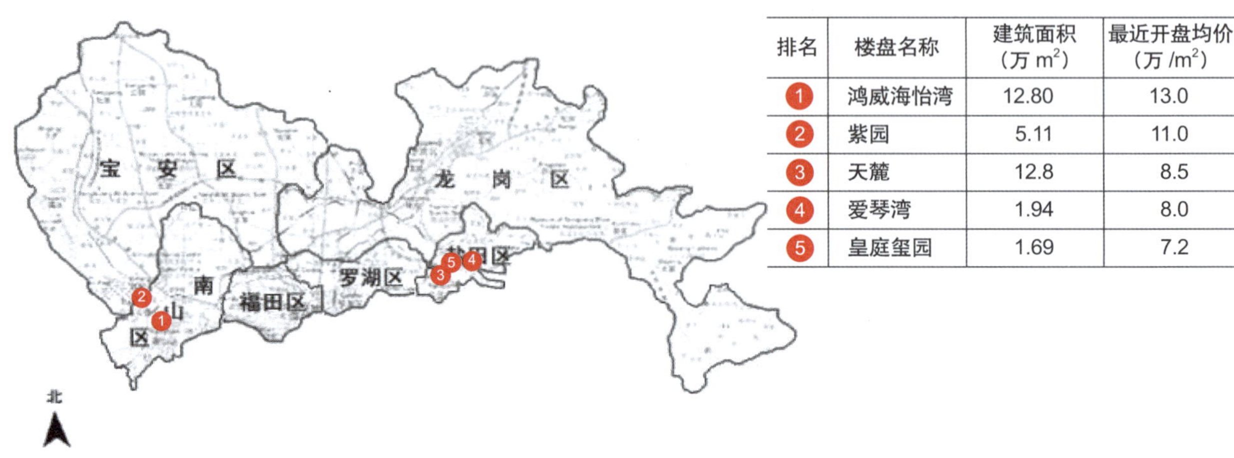

排名	楼盘名称	建筑面积（万 m^2）	最近开盘均价（万 /m^2）
1	鸿威海怡湾	12.80	13.0
2	紫园	5.11	11.0
3	天麓	12.8	8.5
4	爱琴湾	1.94	8.0
5	皇庭玺园	1.69	7.2

资料来源：深圳中原市场研究部

图 17-6 深圳市新建住宅销售面积前 10 名楼盘分布图（2011 年）

排名	项目名称	销售面积（万 m^2）	销售均价（元 /m^2）
1	中海康城国际	16.46	11300
2	万科金色领域	13.19	15200
3	星河时代	12.33	18500
4	水榭春天	11.80	20800
5	合正汇一城	10.99	19900
6	万科清林径	9.60	13500
7	招商观园	8.27	11800
8	尚模八意府	6.93	13400
9	佳兆业大都汇	6.23	14800
10	合正中央原著	5.96	22900

资料来源：深圳中原市场研究部

图 17-7 深圳市新建住宅销售面积前 10 名楼盘分布图（2012 年上半年）

排名	项目名称	销售面积（万 m²）	销售均价（元 /m²）
1	龙华花半里	12.27	13302
2	招商果岭	10.86	15585
3	中洲华府	8.03	19976
4	星河盛世	7.97	21007
5	水榭春天	6.38	20798
6	绿景香颂	6.21	16158
7	招商雍景湾	4.70	31265
8	招商观园	4.20	11561
9	万科红	4.17	18512
10	万科璞悦山	4.07	22600

资料来源：深圳中原市场研究部

图 17-8 深圳市新建住宅 10 大热点楼盘分布图（2011—2012 年上半年）

排名	项目名称	关注点	建筑面积（万 m²）	最近开盘均价（元 /m²）
1	水榭春天 5 期	开盘销售率标志着调控以来楼市寒冬已过、预期转向	36.96	21000
2	龙华花半里	龙华区批售量最大且销售速度最快	29.01	13000
3	卓弘高尔夫雅苑	赠送率超高达 150%	20.17	13000
4	合正汇一城	走量较稳且逆市下价格坚挺	33.82	20500
5	云顶嘉园	首次采用“首付一成”的营销手法且开盘销售率 100%	7.04	15000
6	中洲华府	2012 年上半年批售量最大	51.39	20000
7	中泰南山一品	因价格优势，逆势开盘取得了 95% 的销售率	2.53	25000
8	首地容御	2011 年下半年降价幅度较大的项目	20.47	34000
9	绿景香颂	首次提出“保值回购置业无忧”计划	20.35	16500
10	澳城二期	不走营销线路销售量却良好的项目	11.32	33000

资料来源：深圳中原市场研究部

图 17-9 深圳市二手住宅价格涨幅前 10 名楼盘分布图（2011—2012 年上半年）

排名	项目名称	在售均价（元 /m²）	涨幅（%）
1	金域蓝湾	28910	1.06
2	新天地	21118	0.96
3	城中雅苑	34934	0.90
4	城市明珠	12152	0.80
5	裕亨花园	19875	0.77
6	蔚蓝海岸	27250	0.72
7	皇庭彩园	21003	0.71
8	海景花园	22411	0.71
9	世纪春城	13944	0.67
10	盛世家园	24088	0.64

资料来源：深圳中原市场研究部

图 17-10 深圳市二手住宅租金涨幅前 10 名楼盘分布图（2011—2012 年上半年）

排名	项目名称	项目租金（元 /（m²·月））	涨幅（%）
1	大世纪花园	31.25	2.28
2	万科第五园	30.55	2.09
3	现代城华庭	38.10	1.78
4	国展苑	23.94	1.58
5	缤纷时代	52.67	1.52
6	天骄世家	28.45	1.51
7	桃源居	30.22	1.48
8	红树西岸花园	96.45	1.46
9	百仕达	63.09	1.45
10	东门天地大厦	48.37	1.39

资料来源：深圳中原市场研究

图 17-11 深圳市二手住宅租金回报率前 10 名楼盘分布图（2011—2012 年上半年）

排名	项目名称	项目租金（元 /（m²·月））	租金回报率（%）
1	长丰苑	54.85	5.0
2	世界金融中心	96.33	5.0
3	旭飞华达园	44.26	4.8
4	缔梦园	61.89	4.6
5	阳光新干线	66.25	4.4
6	新一代大厦	64.56	4.4
7	东方都会大厦	56.67	4.3
8	御景华城花园	70.17	4.2
9	名仕阁	57.94	4.1
10	名津广场	68.41	4.0

资料来源：深圳中原市场研究部

17.4 写字楼商业市场

图 17-12 深圳市租金前 10 名的租赁型写字楼分布图（2011—2012 年上半年）

排名	项目名称	租金（元 /（m²·月））	建筑面积（万 m²）	入驻率（%）
1	京基 100	223.45	17.00	—
2	皇岗商务中心	220.00	46.00	—
3	卓越时代广场	217.63	8.27	93
4	荣超中心	217.23	14.33	93
5	卓越世纪中心	213.94	6.44	96
6	嘉里建设广场	212.63	7.50	100
7	现代国际	199.14	5.64	—
8	诺德金融中心	197.93	6.90	91
9	新世界商务中心	192.70	10.79	96
10	经贸中心	189.93	11.52	90

资料来源：深圳中原市场研究部

图 17-13 深圳市售价前 10 名的销售型写字楼分布图（2011—2012 年上半年）

排名	项目名称	售价（元 /m²）	建筑面积（万 m²）	入驻率（%）
1	卓越世纪中心	61424	6.44	4.18
2	卓越时代广场	60820	8.27	4.29
3	大中华国际交易广场	58502	11.00	4.38
4	诺德金融中心	54027	6.90	4.22
5	经贸中心	53188	11.52	4.22
6	金中环商务大厦	52660	1.30	4.10
7	中央商务大厦	52000	4.53	4.31
8	国际商会中心	49754	13.36	4.76
9	新世界商务中心	49246	10.79	3.93
10	时代财富大厦	47884	11.00	4.22

资料来源：深圳中原市场研究部

图 17-14 深圳市销售面积前 10 名的销售型写字楼分布图（2011—2012 年上半年）

排名	项目名称	租金面积（m^2）	售价（元 /m^2）	入驻率（%）
1	东方新天地广场	42519.43	60000	8.65
2	世纪汇广场	34362.93	46000	11.83
3	魅力时代花园	30362.70	20500	3.34
4	智慧广场	29462.15	58300	9.59
5	龙岗天安数码创新园	27155.54	13500	7.06
6	缤纷世纪公寓	24009.15	17500	3.12
7	星海名城七期	19149.99	47000	3.64
8	田厦金牛广场	15708.07	42000	12.23
9	向南瑞峰花园	13716.84	29000	1.81
10	嘉葆润金座家园	13044.59	43000	3.55

资料来源：深圳中原市场研究部

深圳市写字楼售价季度走势（2011—2012 年上半年）

表 17-6

时间	2011 年第 1 季度	2011 年第 2 季度	2011 年第 3 季度	2011 年第 4 季度	2012 年第 1 季度	2012 年第 2 季度
售价（元 /m^2）						
全市	31687	34218	38992	31836	35768	32654
租金（元 /（m^2• 月））						
全市	181.07	195.15	199.73	203.20	197.46	192.19
蔡屋围	166.96	157.33	167.00	181.33	153.33	145.00
中心区	187.04	209.58	212.22	211.54	210.77	208.47
中心西区	180.00	—	—	—	201.04	180.88
甲级写字楼入住率						
全市	95.5%	96.3%	94.4%	94.6%	91.1%	92.0%
蔡屋围	94.1%	98.3%	91.0%	95.9%	93.0%	94.8%
中心区	94.9%	94.4%	94.0%	92.4%	93.1%	92.0%
中心西区	100.0%	100.0%	100.0%	100.0%	86.7%	89.7%

数据来源：深圳中原市场研究部

深圳市甲级写字楼市场未来供应项目（2012—013 年）

表 17-7

项目名称	区域 / 商圈	开发商	竣工时间	占地面积（万 m^2）	建筑面积（万 m^2）	项目点评
中泰南山主角	南山南油	众联业贸易	2012 年	0.19	1.43	办公楼
中海油大厦	南山中心区	中国海洋石油总公司	2012 年	1.27	20.00	总部大厦
中广核大厦	福田中心区	广东核电集团	2013 年	1.01	15.70	总部大楼
正中商业广场	宝安中心区	正中置业集团	2012 年	2.1	15.80	多功能商业物业
招商局广场	南山蛇口	招商地产	2012 年	1.67	10.73	办公楼、酒店式写字楼
英龙商务大厦	福田中心区	英龙置业	2012 年	0.55	5.55	办公楼
耀都大厦	盐田沙头角	耀都地产	2012 年	0.49	2.97	综合办公
香江日航广场	南山后海	香江置业	2012 年	2.57	23.20	办公楼、商务公寓
深交所营运中心	福田中心区	证券交易所	2012 年	3.92	26.70	综合办公
荣超英隆大厦	龙岗中心区	荣超地产	2012 年	1.07	6.47	综合办公
平安国际金融中心大厦	福田中心区	中国平安	2014 年	1.89	37.86	总部大楼
华嵘世纪大厦	福田中心区	华嵘世纪	2012 年	0.32	4.75	商务公寓
华安保险总部大厦	福田中心区	华安财产保险	2012 年	0.59	4.50	总部大厦
昊海君悦	盐田沙头角	耀都房地产	2012 年	0.49	2.97	酒店式公寓
航天国际中心	南山后海	中国海洋石油	2013 年	1.26	15.00	总部管理中心
福田科技广场	福田皇岗	福田区建筑工务局	2012 年	3.86	28.72	超高层综合办公、办公楼
档案中心	福田梅林	深圳市建筑工务署	2013 年	1.85	9.20	企业档案的集中地
城市春天	福田华强	福田实业	2013 年	1.74	12.42	办公楼
CBD 国信证券大厦	福田中心区	国信证券	2012 年	0.54	8.00	总部大厦
龙岗天安数码创新园三期	龙岗中心城	龙岗数码新城	2012 年	12.00	6.62	工业厂房

数据来源：深圳中原市场研究部

图 17-15 深圳市 10 大新增供应面积租赁型商业项目分布图（2011—2012 年上半年）

排名	项目名称	区域 / 商圈	类型	占地面积 (万 m^2)	商业建面 (万 m^2)
1	玉湖湾	宝安	楼盘底商	3.85	0.78
2	万科红	龙岗	楼盘底商	3.13	3.60
3	三湘海尚	南山	楼盘底商	9.27	3.30
4	中海康城二期	龙岗	楼盘底商	15.58	0.90
5	龙光世纪汇	宝安	写字楼底商	1.72	4.36
6	天健时尚空间	宝安	楼盘底商	1.88	0.70
7	万科天誉一期	龙岗	楼盘底商	1.97	0.78
8	卓越中心大道	南山	楼盘底商	6.50	2.36
9	保利上城	龙岗	楼盘底商	7.00	0.64
10	中央原著	宝安	楼盘底商	4.96	1.52

资料来源：深圳中原市场研究部

深圳市商铺售价季度走势（2011—2012 年上半年） 表 17-8

时间	2011 年第 1 季度	2011 年第 2 季度	2011 年第 3 季度	2011 年第 4 季度	2012 年第 1 季度	2012 年第 2 季度
售价（元 /m^2）						
全市	35027	31265	32054	29596	29664	42164
租金（元 /（m^2• 月））						
全市	346	412	329	294	97	87
罗湖	502	428	176	343	179	214
福田	303	268	633	349	285	75
南山	248	218	222	292	198	201
宝安	103	107	86	89	35	83
龙岗	90	92	376	214	40	120

数据来源：深圳规划和国土资源委员会、深圳中原市场研究部

深圳市大型集中商业未来供应项目（2012—2013 年）

表 17-9

项目名称	区域	开发商	竣工时间	建筑面积（万 m²）	商业建面（万 m²）	项目点评
皇庭 IA mall	福田	融发投资	2012 年	13.00	8.00	福田 CBD 即将崛起的购物中心，集购物、休闲、娱乐等为一体
中航城	福田	和记黄埔	2012 年	82.00	23.00	项目以国际大都会生活为主题，集购物、餐饮、娱乐及休闲于一体，荟萃国际时尚品牌，将成为华强北商业巨舰的地标性建筑
田厦金牛广场	南山	田厦地产	2012 年	13.90	1.65	位于“前海中心”一线辐射区域，目前市场少有的地铁上盖综合体
海雅缤纷城	宝安	新安湖实业	2012 年	30.00	20.00	前海中心首个顶级商住综合体，也是深圳西部的新地标
海上世界	南山	招商地产	2013 年	10.73	9.00	以明华轮为中心，国际美食和酒吧文化为特色，打造具有国际风情的全天候滨海商业街区
星河盛世 cococity	龙华	星河地产	2012 年	46.00	5.81	物业形态涵盖高端住宅、COCO Park 品牌系列 COCO City、商务公寓，构成一站式生活轨道
深圳来福士广场	南山	凯德置地	2015 年	39.00	8.80	是凯德置地在华南的首个综合商业项目，也是深圳市首个由外商主导投资、开发和管理的大型综合体项目
西岸时代广场	宝安	鸿荣源	2013 年	80.00	18.50	鸿荣源集团进军商业地产的第一个城市综合体项目，地铁上盖物业
观澜湖新城	龙华	观澜地产	2013 年	50.00	15.00	首个以高球十八洞为主题的综合购物娱乐休闲中心
金地大百汇	福田	金地地产	2013 年	68.20	20.05	项目为岗厦村旧改项目，是深圳市建设标准要求最高和难度最大的重大改造项目

资料来源：深圳中原市场研究部

第 18 章 福州地产数据

18.1 房地产投资环境

福州市历年房地产市场主要指标表（2011—2012 年上半年） 表 18-1

指标	2011 年	2012 年上半年
GDP（亿元）	3734.78	1657.50
GDP 增长率（%）	13.00	12.00
固定资产投资额（亿元）	2720.28	1447.02
房地产投资额（亿元）	956.45	475.84
住宅投资额（亿元）	687.51	297.20
商品房施工面积（万 m^2）	4989.92	4913.12
住宅施工面积（万 m^2）	3853.62	3690.54
写字楼施工面积（万 m^2）	191.15	293.17
商铺施工面积（万 m^2）	353.31	385.24
商品房新开工面积（万 m^2）	1630.50	785.74
住宅新开工面积（万 m^2）	1173.18	550.50
写字楼新开工面积（万 m^2）	92.01	45.79
商铺新开工面积（万 m^2）	155.35	96.55
商品房竣工面积（万 m^2）	588.93	173.32
住宅竣工面积（万 m^2）	505.87	141.29
写字楼竣工面积（万 m^2）	3.60	1.67
商铺竣工面积（万 m^2）	31.28	20.77
商品房销售额（亿元）	627.81	316.02
住宅销售额（亿元）	511.62	265.39
写字楼销售额（亿元）	49.65	23.71
商铺销售额（亿元）	44.47	21.17
商品房销售面积（万 m^2）	622.18	289.87
住宅销售面积（万 m^2）	536.87	254.61
写字楼销售面积（万 m^2）	30.23	15.36
商铺销售面积（万 m^2）	20.23	12.32

数据来源：福州市统计局

福州市主要房地产政策一览表（2011—2012 年上半年）

表 18-2

政策名称	颁布日期	实施日期	发布单位	对房地产市场的影响
福州提高住房公积金个人贷款最高额度	2012-06-29	2012-06-30	福州住房公积金管理委员会全体会议	从 6 月 30 日起，暂时提高职工购买普通自住住房的住房公积金贷款最高额度：夫妻双方缴存，购房贷款最高额度提高至 80 万元；单方缴存的，个人购房贷款最高额度提高至 60 万元；公积金贷款上限大幅提高，对于利用公积金购房的群体来说是重大利好，置业门槛有所降低，购房压力得到一定的舒缓
《关于调整城区享受优惠政策普通商品住房标准的通知》	2012-05-18	2012-06-01	福州市住房保障和房产管理局	五城区享受优惠政策普通商品住房应同时满足 3 个条件：一是住宅小区容积率在 1.0 以上；二是单套建筑面积在 144m^2 以内（含 144m^2）；三是实际成交总价款低于或等于 200 万元 / 套。普宅标准大幅降低，为购买普通住宅的购房者节约了一定的税费，有利于刚需购房

资料来源：福州市人民政府门户网站 福州中原资源中心市场研究部

18.2 土地市场

福州市历年土地出让主要指标表（2011—2012 年上半年）

表 18-3

	土地公告情况			土地成交情况			
	宗数	占地面积（万 m^2）	建筑面积（万 m^2）	宗数	占地面积（万 m^2）	建筑面积（万 m^2）	土地出让金（亿元）
2011 年	33	383.11	626.99	26	232.18	595.88	224.54
2012 年上半年	4	6.99	17.12	9	90.90	88.85	17.59

数据来源：福州中原资源中心市场研究部

福州市土地规划（2012 年）

表 18-4

住房建设用地供应总量（公顷）	保障性住房用地（公顷）		棚改房用地（hm^2）	中小套型商品房用地（hm^2）	三类用地占总量
	廉租房	经济适用房			
219.99	0.79	0.00	58.30	72.10	60%

数据来源：福州中原资源中心市场研究部

图 18-1 福州市可建面积前 10 名的房企入驻分布图（2011—2012 年上半年）

排名	开发商	区域	用地性质	地块面积（万 m^2）	可建面积（万 m^2）	总价（亿元）	楼面地价（元 /m^2）	日期
1	利嘉实业	仓山区	公共管理与公共服务用地	62.19	89.06	14.23	1580	2011-08-04
2	福州新海岸旅游公司	仓山区	住宅用地（三江口）	13.31	46.60	4.40	712	2011-06-09
3	泰禾集团	晋安区	商服用地（东二环泰禾广场）	15.11	45.32	21.60	4766	2011-03-24
4	融侨集团	鼓楼区	住宅用地（锦江悦府花园）	7.58	30.33	22.10	7286	2011-07-06
		仓山区	住宅用地（观澜）	3.13	7.83	5.02	6412	2011-05-27
5	阳光城集团	台江区	商服 + 住宅用地（凡尔赛宫）	14.26	35.65	30.50	8555	2011-02-10
6	北京首开与中庚地产	晋安区	商服、住宅用地（香开新城）	12.07	33.79	23.00	6807	2011-02-10
7	恒力地产	鼓楼区	商服 + 住宅用地（博纳广场）	4.21	20.22	12.00	5935	2011-03-15
8	融信集团	鼓楼区	住宅用地（澜郡）	6.96	19.49	16.32	8372	2011-05-27
9	福州市鼓楼区建设投资有限责任公司	鼓楼区	商服 + 住宅用地（西二环）	2.37	11.13	5.12	4599	2011-02-10
			商服 + 住宅用地（华屏路）	2.03	6.47	4.15	6418	2011-03-31
10	红星美凯龙有限公司	仓山区	商服用地	6.54	17.02	5.11	3003	2011-09-01

资料来源：福州中原资源中心市场研究部

图 18-2 福州市 8 大热点地块（2011—2012 年上半年）

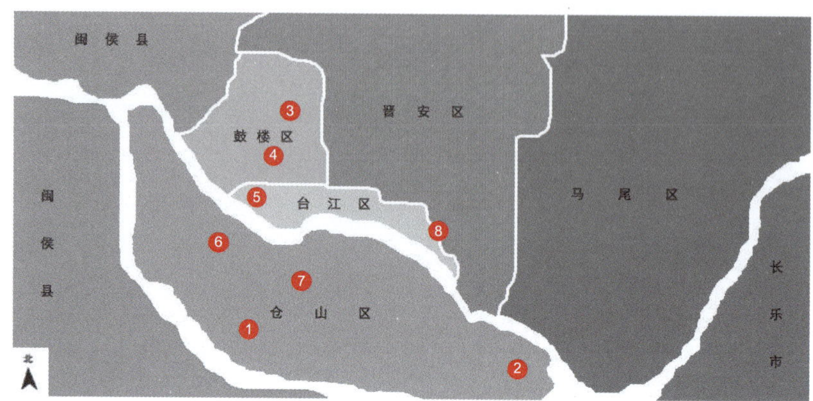

排名	地块名称	关注点	关注信息	开发商
1	2011-26 号，仓山区，三环路北侧、齐安路东侧地块	年度最大面积成交宗地	分 4 幅地块整体出让，合计 932.77 亩，621879m^2	利嘉实业(福建)集团有限公司
2	2011-19 号，福厦高速路连接线东侧三江口高级中学南侧，规划南江滨路北侧地块	楼面价最低的地块	楼面价：712 元 /m^2	福州新海岸旅游公司
3	2011-04 号，鼓楼区，树汤路西侧地块	最热门、竞争最激烈、楼面价最高商服地块	该地块吸引了 4 家竞买企业，经过 36 轮竞买，由中联集团以 2.2 亿摘得，楼面价 37725 元 /m^2，溢价率达 300%	中联集团
4	2011-10 号，鼓楼区五一路西侧，秀冶里新村地块	溢价率最高的住宅用地	溢价率：591%	蒋国情（个人）
5	2011-06 号，工业路与二环路交叉口西南侧，分为 B11、B13、B14 三幅地块整体出让。	最大容积率地块	容积率≤ 5.0	苏宁电器集团有限公司
6	2011-02 号仓山区，金山医院南侧，万达广场北侧地块	流拍后再度出让，最终成交的纯住宅地块	该地块 2011 年曾公开出让过，但受限于当时的市场环境，最终流拍。2012 年重新编号后出让成交	福州杉林地产有限公司
7	2012-04 号，仓山区，首山路东侧，省司法学校北侧地块	热门商住用地	8 家开发商经过 12 轮竞价，最终以 2.65 亿元竞得，楼面价 8057 元 /m^2，溢价率 97.8%	福建中茂地产开发有限公司
8	2012-03 号地块	金融街商务用地	该地块要求申请人须为在福建省有实质投资的台资企业，其所属集团或关联方须为台湾地区上市金融控股公司，建成后只能分割销售给竞买人所属集团实际控股，并在福州注册纳税的金融类关联企业	富邦实业(福建)有限公司

资料来源：福州中原资源中心市场研究部

图 18-3 福州市各区居住用地量价分布图（2011 年）

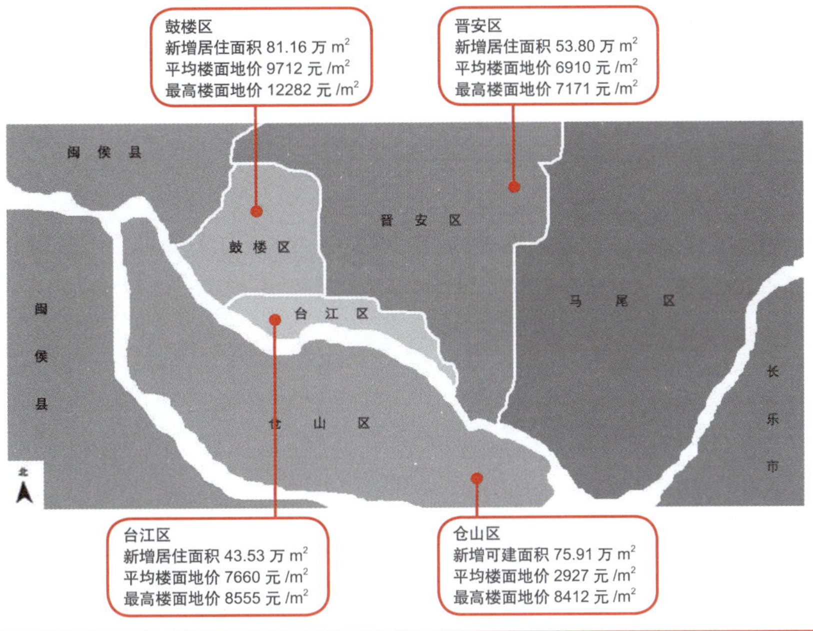

资料来源：福州中原资源中心市场研究部

图 18-4 福州市各区居住用地量价分布图（2012 年上半年）

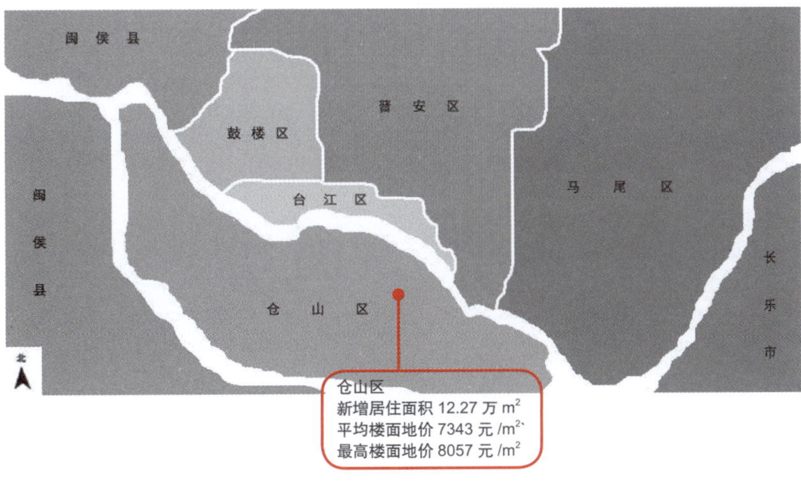

资料来源：福州中原资源中心市场研究部

18.3 住宅市场

福州市历年商品住宅市场主要指标表（2011—2012 年上半年）

表 18-5

	批准预售面积（万 m^2）	预售登记面积（万 m^2）	销售金额（亿元）
2011 年	317.25	174.59	221.68
2012 年上半年	99.78	85.67	117.41

数据来源：福州市房地产交易中心

福州市商品住宅供需情况表（2011—2012 年上半年）

表 18-6

区域	新增面积（万 m^2）	销售情况			
		销售套数（套）	销售面积（万 m^2）	成交金额（亿元）	成交均价（元 /m^2）
2011 年					
全市	317.25	15784	174.59	221.68	12697
鼓楼区	21.01	1085	12.62	17.76	14064
台江区	28.64	2034	21.05	37.80	17964
晋安区	78.76	2605	31.43	35.47	11282
仓山区	171.41	9126	98.03	108.49	11068
马尾区	17.43	814	9.94	10.61	10671
2012 年上半年					
全市	100.73	7592	86.97	117.40	13499
鼓楼区	6.84	223	2.9	4.92	16953
台江区	0	407	11.38	19.98	17554
晋安区	.38.76	2184	19.12	24.77	12954
仓山区	36.23	4269	45.84	63.05	13755
马尾区	18.90	509	6.28	6.40	10185

数据来源：福州市房地产交易中心 福州中原资源中心市场研究部

图 18-5 福州市公寓售价前 10 名楼盘分布图（2011—2012 年上半年）

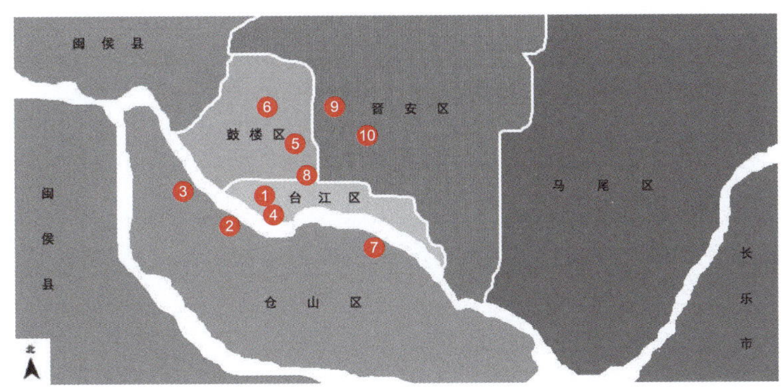

排名	楼盘名	销售均价（元/m²）	建筑面积（万 m²）	最近开盘均价（元/m²）
1	正荣润城	22000	6.30	20000
2	融侨外滩	22000	9.30	18000
3	融侨观邸	21000	16.90	21000
4	永兴郦江	20000	3.60	18500
5	宜发得贵城	20800	25.30	17500
6	恒力城	19800	25.00	25200
7	世欧上江城	19500	27.00	17500
8	融侨国际公馆	18800	12.00	18000
9	世欧澜山	18800	16.50	19000
10	中庚帝国大苑	17500	7.90	15000

资料来源：福州中原资源中心市场研究部

图 18-6 福州市别墅售价前 5 名楼盘分布图（2011—2012 年上半年）

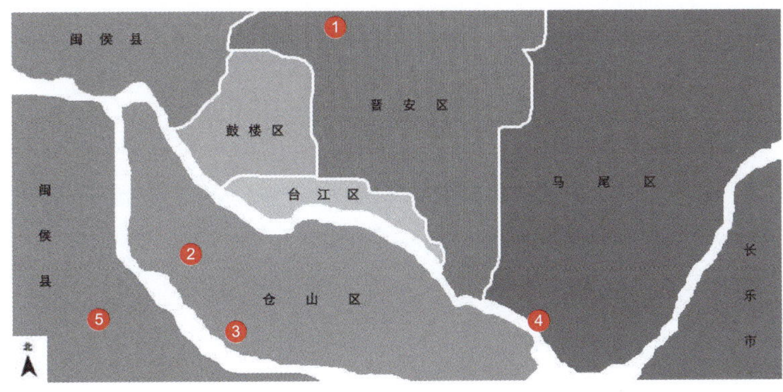

排名	楼盘名	建筑面积（万 m²）	最近开盘均价（元/m²）
1	安妮女王	8.00	26500
2	融信大卫城	32.53	24000
3	华润橡树湾	90.00	22000
4	新大陆壹号	32.30	21000
5	三盛托斯卡纳	30.00	18000

资料来源：福州中原资源中心市场研究部

图 18-7 福州市新建住宅可售面积前 10 名楼盘分布图（2011 年—2012 上半年）

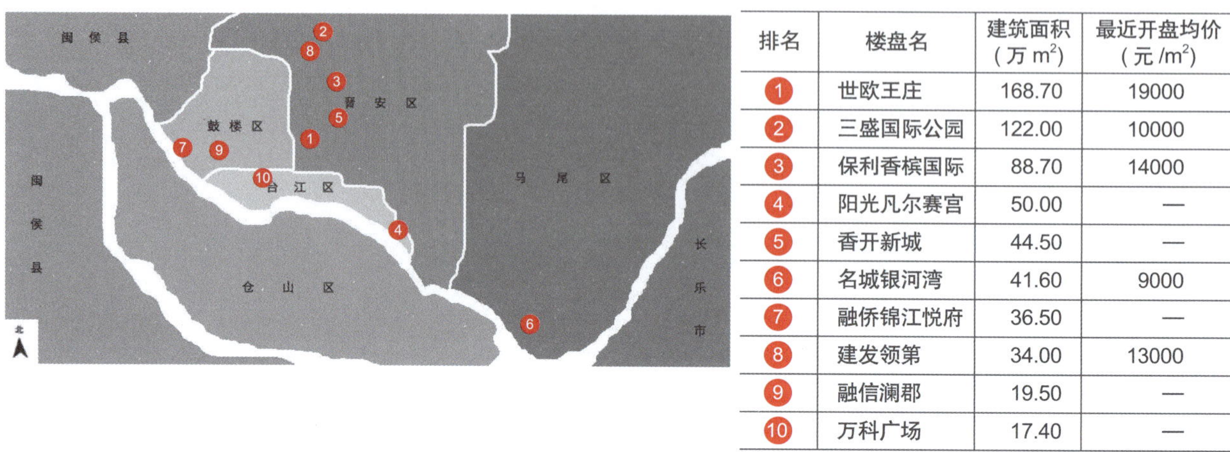

排名	楼盘名	建筑面积（万 m^2）	最近开盘均价（元 /m^2）
1	世欧王庄	168.70	19000
2	三盛国际公园	122.00	10000
3	保利香槟国际	88.70	14000
4	阳光凡尔赛宫	50.00	—
5	香开新城	44.50	—
6	名城银河湾	41.60	9000
7	融侨锦江悦府	36.50	—
8	建发领第	34.00	13000
9	融信澜郡	19.50	—
10	万科广场	17.40	—

资料来源：福州中原资源中心市场研究部

图 18-8 福州市新建住宅 10 大热点楼盘分布图（2011—2012 年上半年）

排名	项目名称	关注点	建筑面积（万 m^2）	最近开盘均价（元 /m^2）
1	阳光城新界	2011 年热销小户型楼盘	21.00	85000
2	融信大卫城	持续热销市中心墅区高层	32.50	12000
3	世欧王庄	热销超高层住宅	168.70	18000
4	保利香槟国际	热销刚需型大盘	88.70	14000
5	融侨外滩	高品质江滨豪宅	9.30	18000
6	泰禾红峪	热销品牌大盘	47.50	11500
7	红星国际	热销综合体住宅 + 酒店式公寓	38.20	13000
8	华润橡树湾	高档别墅住宅混合住区	90.00	11000
9	三盛国际公园	五四北地铁口千亩大盘	122.00	10000
10	万科金域榕郡	热销品牌高端住宅区	37.00	16000

资料来源：福州中原资源中心市场研究部

18.4 写字楼商业市场

图 18-9 福州市租赁型写字楼分布图（2011—2012 年上半年）

排名	项目名称	项目租金（元 /（m²·月））	建筑面积（万 m²）	入驻率（%）
1	信和广场	200	5.75	100
2	东煌大厦	200	3.62	99

资料来源：福州中原资源中心市场研究部

图 18-10 福州市售价前 10 名的销售型写字楼分布图（2011—2012 年上半年）

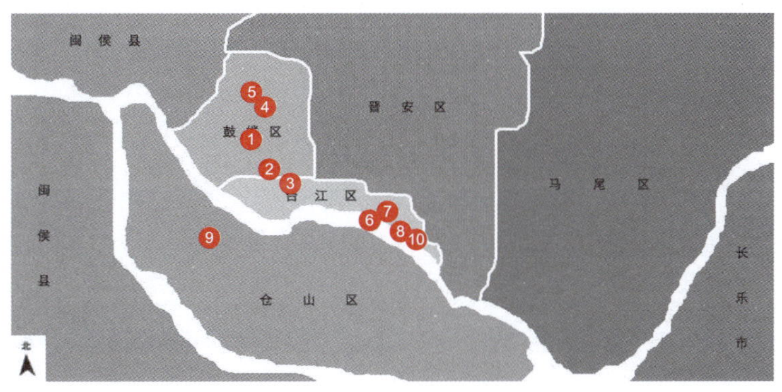

排名	项目名称	成交单价（元 /m²）	建筑面积（万 m²）	项目租金（元 /（m²·月））
1	中庚青年广场	30000	3.88	120
2	宇洋中央金地	26400	2.30	140
3	世茂国际中心	26300	50.00	90
4	恒力城	26000	25.00	200
5	恒力金融中心	25600	3.50	——
6	世纪百联大厦	23000	4.70	——
7	升龙汇金中心	21000	15.00	——
8	申发大厦	16000	8.00	——
9	仓山万达广场	15000	65.00	80
10	台江万达广场	14000	31.00	70

资料来源：福州中原资源中心市场研究部

福州市写字楼售价租金季度走势（2011—2012 年上半年） 表 18-7

时间	2011 年第 1 季度	2011 年第 2 季度	2011 年第 3 季度	2011 年第 4 季度	2012 年第 1 季度	2012 年第 2 季度
售价（元 /m²）						
全市	24138	26766	27739	19100	19913	16787
租金（元 /（m²• 月））						
五四路 CBD	148	152	165	160	165	163
东街口商圈	60	65	68	65	66	65
甲级写字楼入住率						
五四路 CBD	92%	97%	96%	97%	95%	96%
东街口商圈	89%	95%	96%	96%	95%	95%

数据来源：福州中原资源中心市场研究部

福州市甲级写字楼市场未来供应项目（2012—2013 年） 表 18-8

项目名称	区域 / 商圈	开发商	占地面积（万 m²）	建筑面积（万 m²）	项目点评
宇洋中央金座	金融街商务区	福建宇洋集团有限公司	1.91	15.87	宇洋中央金座项目为福州首座拥有直升机停机坪和首个钢混结构设计的写字楼，拥有 28 部豪华电梯，4.1m 层高，28 部豪华电梯，15.7m 挑高双大堂，11000m² 南北双广场，千余个停车位。141~2000m² 国际精装，超甲级 5A 写字楼
中捷金融大厦	金融街商务区	福建中捷房地产开发有限公司	1.14	7.00	中捷金融大厦作为极为稀缺的外滩级金融商务 5A 纯写字楼。一、二层为银行专属办公区，三层是配套室内游泳池的高档会所。适合金融、内外贸等企业提升品牌追求卓越办公所需
福建国际金融中心	北江滨 CBD	福建升龙地产	1.44	15.80	项目南面紧邻闽江，有着绝佳的景观资源和城市展示面，项目总建筑面积约 15.8 万 m²，建筑高度 220m，定位为办公综合体，业态涵盖商业、办公等
升龙环球中心	北江滨 CBD	福建升龙地产	1.44	17.00	根据规划，项目建筑高度为 300m，被誉为“福建第一高楼”，也有人称为“海西第一高楼”。现在该项目尚在设计阶段，该项目打造建成后不仅是福州市闽江北岸中央商务区的地标建筑，更将是点睛之作，必将成为福州的城市名片
福晟钱隆广场	北江滨 CBD	福建福晟房地产开发有限公司	11	13.80	2010 年 8 月 24 日福晟集团、六建集团以 2.7 亿摘下的福州中央商务中心 B9 地块，计划命名为“福晟钱隆广场”，初步方案为 66 层，高度为 250m

数据来源：福州中原资源中心市场研究部
备注：建筑面积在 5 万 m² 以上的写字楼项目。

图 18-11 福州市新增供应面积租赁型商业项目分布图（2011—2012 年上半年）

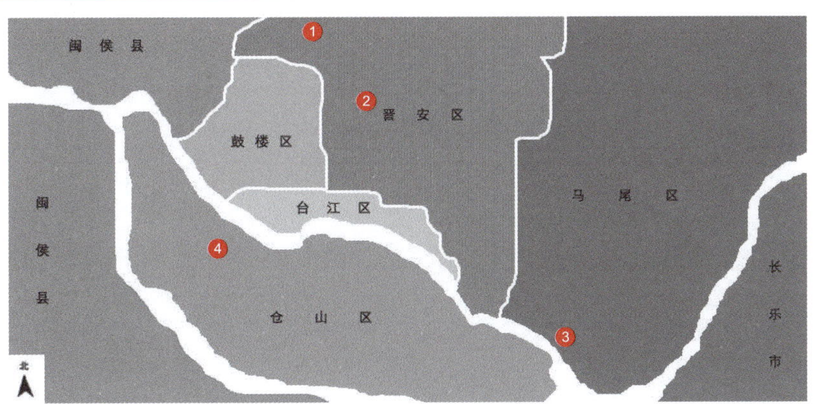

排名	项目名称	区域 / 商圈	类型	占地面积 (万 m²)	建筑面积 (万 m²)
1	五四北泰禾广场	五四北	集中式商业	15.30	70.00
2	东二环泰禾广场	东二环	集中式商业	15.30	70.00
3	名城城市广场	马尾	集中式商业	5.60	39.80
4	仓山万达	金山	集中式商业（内街）	12.50	65.00

数据来源：福州中原资源中心市场研究部

图 18-12 福州市新增供应面积销售型商业项目分布图（2011—2012 年上半年）

排名	项目名称	区域 / 商圈	类型	占地面积 (万 m²)	建筑面积 (万 m²)
1	红星国际	金山	集中式商业	6.90	38.20
2	三盛国际公园	五四北	社区商业	13.00	122.00
3	新大陆壹号	马尾	社区商业	11.40	32.30
4	凯隆橙仕公馆	马尾	社区商业	2.50	10.80
5	仓山万达广场	金山	集中商业（外街）	12.50	6.50
6	泰禾城市广场	五四北	集中商业（外街）	15.30	70.00

数据来源：福州中原资源中心市场研究部

福州市大型集中商业未来供应项目（2012—2013 年）　　表 18-9

项目名称	区域	开发商	竣工时间	建筑面积（万 m^2）	商业建面（万 m^2）	项目点评
苏宁广场	台江	苏宁置业	2013 年	9.54	46.90	项目地处闽江北岸中央商务区内，位于万宝商圈核心位置，福州苏宁广场地块内规划设置地铁 2 号线站点，交通便利，区位优越；总投资约 50 亿元，总占地面积 95412m^2，总建筑面积 46.9 万 m^2。将建成超过 17 万 m^2 规模的商业中心，引入一线品牌旗舰店，将零售、精品超市、健身、餐饮、娱乐、影院等多种商业业态融为一体
红星国际	仓山	红星地产	2013 年	6.93	38.21	红星国际项目坐落于福州仓山区浦上大道与闽江大道交汇处，尤溪大桥南桥头，紧临福州规划的地铁 3 号线。规划占地面积近 200 亩，约 70 万 m^2 的大型城市综合体，项目将分二期开发，一期占地 104 亩，产品集 SOHO 办公，住宅、大型商业综合百货、名品步行街于一体；二期占地约 88 亩，将规划建成红星美凯龙第八代家居旗舰店，规划“双街双 MALL”的商业综合体形态

数据来源：福州中原资源中心市场研究部

第 19 章
长沙地产数据

19.1 房地产投资环境

长沙市历年房地产市场主要指标表（2011—2012 年上半年）　　表 19-1

指标	2011 年	2012 年上半年
GDP（亿元）	5619.30	2896.54
GDP 增长率（%）	14.50	12.90
固定资产投资额（亿元）	3510.20	1900.52
房地产投资额（亿元）	887.47	487.75
住宅投资额（亿元）	684.73	321.99
写字楼投资额（亿元）	31.20	32.20
商铺投资额（亿元）	71.81	48.79
商品房施工面积（万 m^2）	7685.55	6394.24
住宅施工面积（万 m^2）	6056.72	4744.34
写字楼施工面积（万 m^2）	146.88	203.40
商铺施工面积（万 m^2）	529.83	561.15
商品房新开工面积（万 m^2）	2328.38	1028.96
住宅新开工面积（万 m^2）	1777.03	636.05
写字楼新开工面积（万 m^2）	59.61	83.85
商铺新开工面积（万 m^2）	199.86	136.53
商品房竣工面积（万 m^2）	1452.40	594.62
住宅竣工面积（万 m^2）	1196.57	464.46
写字楼竣工面积（万 m^2）	18.12	4.93
商铺竣工面积（万 m^2）	85.93	61.41
商品房销售额（亿元）	882.07	356.21
住宅销售额（亿元）	759.87	311.96
写字楼销售额（亿元）	37.47	15.19
商铺销售额（亿元）	73.72	27.30
商品房销售面积（万 m^2）	1500.17	594.36
住宅销售面积（万 m^2）	1385.56	555.34
写字楼销售面积（万 m^2）	37.93	12.41
商铺销售面积（万 m^2）	51.25	20.83

数据来源：长沙市统计局

长沙市主要房地产政策一览表（2011—2012 年上半年）

表 19-2

政策名称	颁布日期	实施日期	发布单位	对房地产市场的影响
《关于调整住房公积金贷款和提取相关政策的通知》	2011-04-26	2011-05-25	湖南省直单位住房公积金管理中心	力在执行差别化贷款政策，规范公积金购房秩序
《湖南省人民政府关于加强保障性安居工程建设的意见》	2011-05-24	2011-05-24	湖南省住房和城乡建设厅	相应政府“十二五”号召，解决“夹心层”和低收入者居住难问题
《长沙市闲置土地处理办法》	2011-06-15	2011-07-01	长沙市人民政府	打击囤地闲置是房地产调控的重要手段之一
《长沙市住房公积金管理条例》	2011-06-30	2011-07-01	长沙市住房公积金管理中心	满足广大缴存职工的贷款需求，充分发挥住房公积金的住房保障作用
《关于节约集约用地的若干意见》	2011-11-22	2011-11-22	湖南省政府	严格落实国家规定的国土资源节约集约优化战略，通过转变土地利用方式助推经济发展方式转变
《长沙市存量房交易税收征收管理试行办法》	2012-06-28	2012-07-01	长沙市地税局	以评估价为征税标准，并且就高不就低，二手房购房成本增加，对长沙二手房成交量产生一定影响
《长沙市 2012 年保障性安居工程目标管理责任书》	2012-04-02	2012-04-02	长沙市政府	今年长沙市保障性安居工程建设 27314 套，考核标准更为严格；对中低收入家庭做到应保尽保，扩大长沙市住房供应

数据来源：湖南中原策略研究中心

19.2 土地市场

长沙市历年土地出让主要指标表（2011—2012 年上半年）

表 19-3

	土地公告情况			土地成交情况			
	宗数	占地面积（万 m^2）	建筑面积（万 m^2）	宗数	占地面积（万 m^2）	建筑面积（万 m^2）	土地出让金（亿元）
2011 年	41	200.37	702.17	34	154.29	551.17	169.90
2012 年上半年	26	89.22	353.11	22	82.34	333.37	50.21

数据来源：长沙市国土资源局

长沙市土地规划（2011 年）

表 19-4

住房建设用地供应总量（公顷）	保障性住房用地（hm^2）		棚改房用地（hm^2）	中小套型商品房用地（hm^2）	三类用地占总量
	廉租房	经济适用房			
294.69	29.06	149.45	12.91	24.09	73.13%

数据来源：长沙市国土资源局

城市 Market

楼事 Story

数据 Data

图 19-1 长沙市可建面积前 10 名的房企入驻分布图（2011—2012 年上半年）

排名	开发商	区域	用地性质	地块面积（公顷）	可建面积（万 m^2）	总价（亿元）	楼面地价（元 /m^2）	日期
1	九龙仓	芙蓉区	商住	7.44	70.00	56.37	5056	2011-01-31
2	中建	岳麓区	商住	7.32	26.67	6.34	2376	2011-10-10
			居住	16.07	41.06	9.57	2330	
3	长沙金佳	岳麓区	住宅	5.44	12.52	3.50	2800	2011-10-10
			住宅	4.70	10.82	3.03	2799	
			商住	5.53	16.59	4.27	2570	
4	亿丰置业	岳麓区	商住	9.96	36.86	7.44	2018	2012-06-15
5	万科	岳麓区	商业	2.67	7.47	1.49	2000	2012-06-26
			商住	7.37	25.79	4.47	1733	
6	旭辉集团	岳麓区	商住	9.75	29.25	4.39	1500	2011-05-24
7	长沙天下一家	雨花区	商住	1.49	8.21	0.78	945	2012-02-21
			商住	3.25	19.50	1.22	625	
8	湖南兴旺、湖南兴苏	雨花区	商住	6.71	27.10	3.50	1292	2012-01-20
9	湖南物华投资	雨花区	商住、办公	9.54	26.79	9.30	3472	2011-12-27
10	成都新和	雨花区	商业	5.07	25.41	2.50	985	2012-02-07

数据来源：湖南中原策略研究中心

图 19-2 长沙市 10 大热点地块（2011—2012 年上半年）

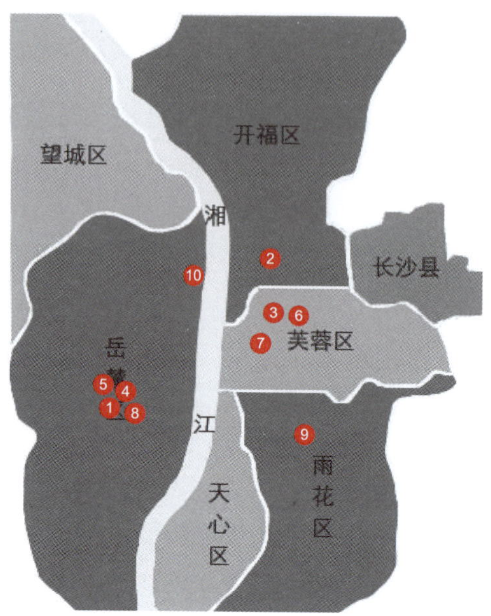

排名	地块名称	关注点	关注信息	开发商
1	[2011] 网挂 023 号	2011 年总价最高的居住用地	成交总价：9.57 亿元	中建地产有限公司， 中建筑第五工程局有限公司
2	[2010] 网挂 076 号	2011 年楼面地价最高的居住用地	楼面地价：3286 元 / m^2	复地（集团）股份有限公司
3	[2011] 网挂 016 号	2011 年溢价率最高的居住用地	溢价率：175.00%	湖南千江投资有限公司
4	[2011] 网挂 023 号	2011 年占地面积最大的居住用地	占地面积：16.07 万 m^2	中建地产有限公司， 中建筑第五工程局有限公司
5	[2011] 网挂 023 号	2011 年建筑面积最大的居住用地	建筑面积：41.06 万 m^2	中建地产有限公司， 中建筑第五工程局有限公司
6	[2011] 网挂 003 号	2011 年溢价率最高的商办用地	溢价率：294.00%	湖南新楚置业有限公司
7	[2011] 网挂 001 号	2011 年总价最高的商办用地	成交总价：56.37 亿元	邦源投资有限公司（九龙仓）
8	[2012] 网挂 023 号	2012 年上半年总价最高的居住用地	成交总价：7.89 亿元	长沙梅溪湖实业有限公司
9	[2012] 网挂 004 号	2012 年上半年溢价率最高的居住用地	溢价率：29.8%	湖南三诚置业有限公司
10	[2012] 网挂 007 号	2012 年上半年楼面地价最高的居住用地	楼面地价：2400 元 / m^2	恒大地产集团长沙置业有限公司

数据来源：湖南中原策略研究中心

图 19-3 长沙市居住用地量价分布图（2011 年）

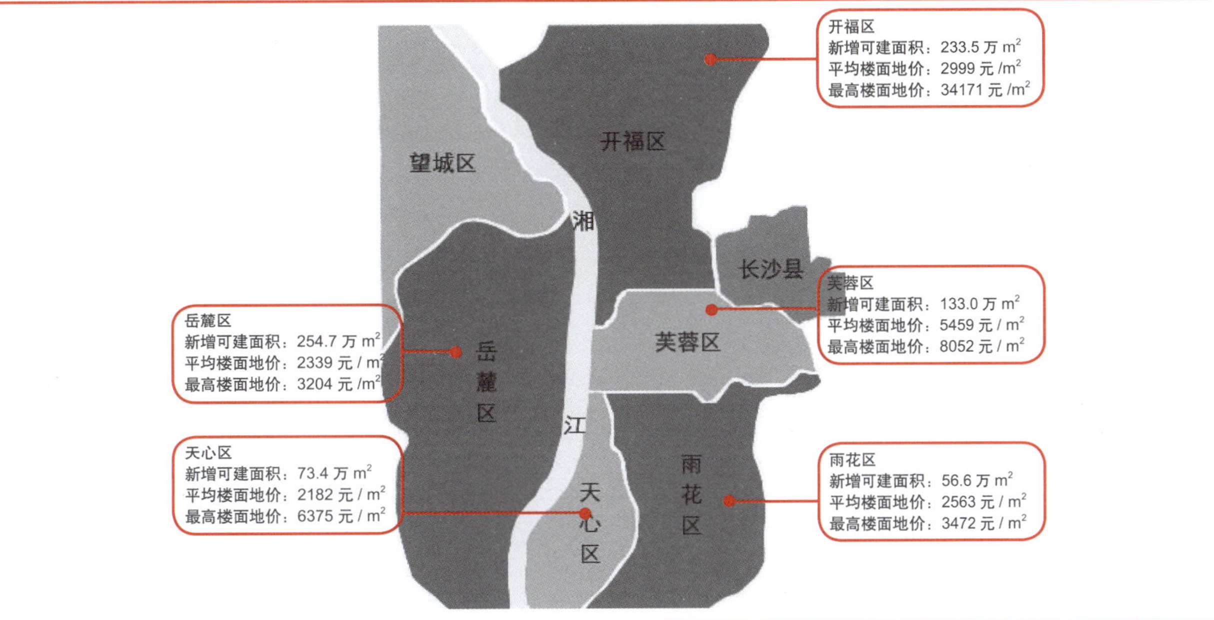

数据来源：湖南中原策略研究中心

图 19-4 长沙市居住用地量价分布图（2012 年上半年）

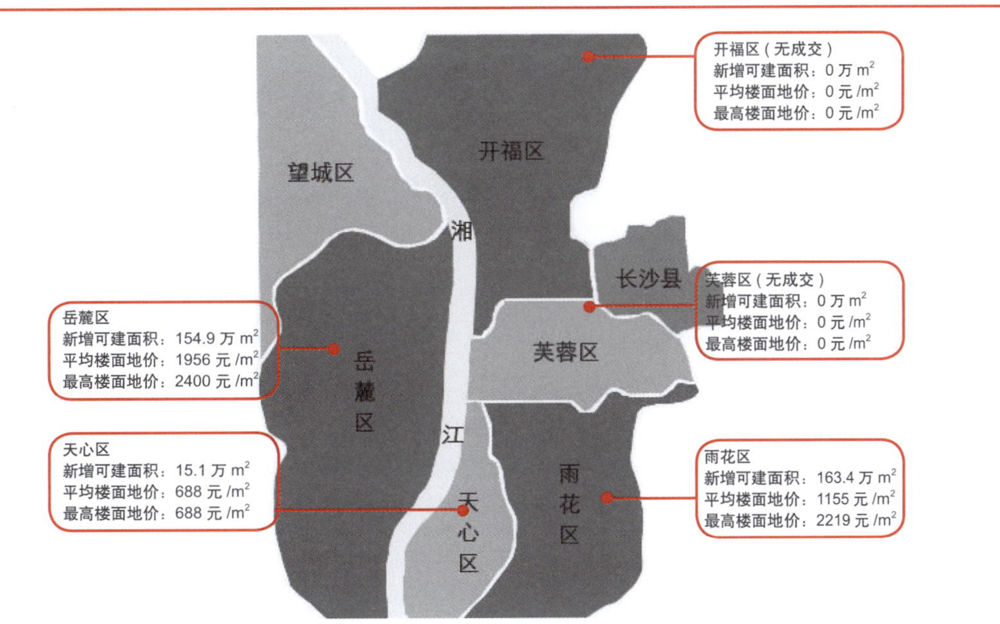

数据来源：湖南中原策略研究中心

19.3 住宅市场

表 19-5 长沙市历年商品住宅市场主要指标表（2011—2012 年上半年）

时间	商品住宅市场			二手住宅市场	
	批准预售面积（万 m^2）	预售登记面积（万 m^2）	销售额（亿元）	销售面积（万 m^2）	销售套数（套）
2011 年	1766.21	1623.06	832.73	251.73	28915
2012 年上半年	591.99	505.86	268.64	84.43	10899

数据来源：湖南中原策略研究中心

表 19-6 长沙市商品住宅供需情况表（2011—2012 年上半年）

区域	新增面积（万 m^2）	销售情况			
		销售套数（套）	销售面积（万 m^2）	成交金额（亿元）	成交均价（元 /m^2）
2011 年					
全市	1766.21	152860	1623.06	832.73	5131
内六区	1207.50	106972	1158.73	648.67	5598
三县	558.71	45888	464.33	184.06	3964
2012 年上半年					
全市	591.99	47755	505.86	268.64	5311
内六区	398.25	31361	338.47	196.62	5809
三县	193.74	16394	167.39	72.02	4303

数据来源：湖南中原策略研究中心

图 19-5 长沙市公寓售价前 10 名楼盘分布图（2011—2012 年上半年）

排名	楼盘名	销售均价（元 /m²）	建筑面积（万 m²）	最近开盘均价（元 /m²）
1	壹号公馆	16000	3.2	16000
2	华晨世纪广场	14000	3.5	15000
3	蓝湾国际广场	12000	7.7	13000
4	明城国际中心	11700	8.9	14000
5	昊天大厦	11000	5.1	11000
6	东塘瑞府	11000	8.7	10000
7	锦泰东环国际	9500	2.9	10000
8	万博汇	9400	49.0	10000
9	少帅府	9300	5.0	10000
10	东宸 19 公馆	9000	7.5	9800

数据来源：湖南中原策略研究中心

图 19-6 长沙市别墅售价前 5 名楼盘分布图（2011—2012 年上半年）

排名	楼盘名称	建筑面积（万 m^2）	最近开盘均价（万 /m^2）
1	鸿威海怡湾	12.80	13.0
2	紫园	5.11	10.0~12.0
3	天麓	12.8	8.5
4	爱琴湾	1.94	8.0
5	皇庭玺园	1.69	7.2

数据来源：湖南中原策略研究中心

图 19-7 长沙市新建住宅销售面积前 10 名楼盘分布图（2011 年）

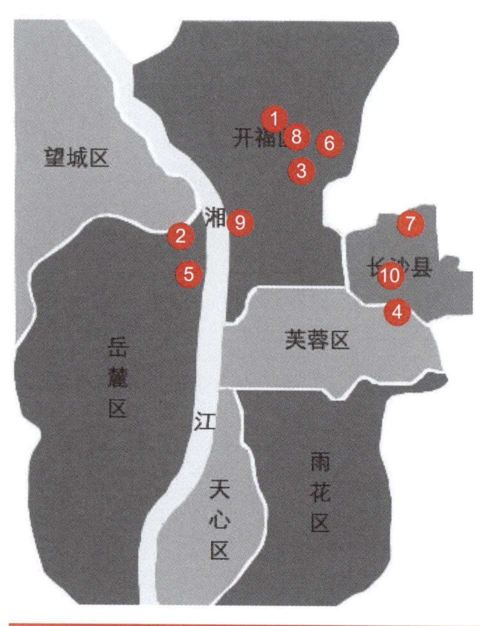

排名	项目名称	销售面积（万 m^2）	销售均价（元 /m^2）
1	中海康城国际	16.46	11300
2	万科金色领域	13.19	15200
3	星河时代	12.33	18500
4	水榭春天	11.80	20800
5	合正汇一城	10.99	19900
6	万科清林径	9.60	13500
7	招商观园	8.27	11800
8	尚模八意府	6.93	13400
9	佳兆业大都汇	6.23	14800
10	合正中央原著	5.96	22900

数据来源：湖南中原策略研究中心

图 19-8 长沙市新建住宅销售面积前 10 名楼盘分布图（2012 年上半年）

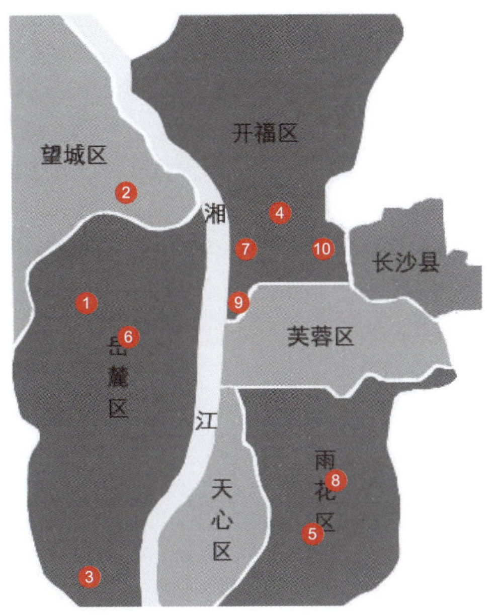

排名	项目名称	销售面积（万 m²）	销售均价（元 /m²）
1	保利麓谷林语	12.2	5500
2	新城国际花都	11.7	3900
3	中海国际社区	8.1	7300
4	万科城	7.3	6500
5	恒大城	6.7	5700
6	卓越蔚蓝海岸	6.2	6100
7	北辰三角洲	6.2	8400
8	万科金域华府	6.1	7800
9	开福万达广场	5.9	15000
10	恒大雅苑	5.8	6580

数据来源：湖南中原策略研究中心

图 19-9 长沙市新建住宅 10 大热点楼盘分布图（2011—2012 年上半年）

排名	项目名称	关注点	建筑面积（万 m²）	最近开盘均价（元 /m²）
1	开福万达广场	城中心连续两年入围成交 TOP10	101.83	15000
2	保利麓谷林语	2012 年上半年成交量最大项目	138.05	5500
3	万科城	开盘成交持续火爆项目	49.73	12000
4	中铁水映加州	2012 年上半年成交量最高别墅项目	40.00	8500
5	中海国际社区	长沙第一个湿地宜居项目	130.00	7300
6	京投银泰环球村	雨花区品牌开发商低价入市热销项目	120.00	4800
7	纳爱斯阳光锦城	雨花区 CBD 性价比最高项目	24.00	8700
8	华远华中心	滨江板块单价最高大型综合体	65.00	18200
9	宁华星湖湾	副城区洋房标杆项目	61.00	8400
10	奥克斯广场	商业主导顶尖业态滨江大型综合体	43.52	7200

数据来源：湖南中原策略研究中心

第 20 章 昆明地产数据

20.1 房地产投资环境

昆明市历年房地产市场主要指标表（2011—2012 年上半年）

表 20-1

指标	2011 年	2012 年上半年
GDP（亿元）	2509.58	1347.90
GDP 增长率（%）	14.00	12.40
固定资产投资额（亿元）	2701.10	1077.00
房地产投资额（亿元）	625.97	432.57
住宅投资额（亿元）	419.58	270.04
商品房施工面积（万 m^2）	4184.81	4544.48
住宅施工面积（万 m^2）	2974.30	3214.28
写字楼施工面积（万 m^2）	251.18	307.20
商铺施工面积（万 m^2）	428.26	430.87
商品房新开工面积（万 m^2）	1914.67	1346.60
住宅新开工面积（万 m^2）	1203.81	878.34
写字楼新开工面积（万 m^2）	149.92	123.14
商铺新开工面积（万 m^2）	221.89	135.70
商品房竣工面积（万 m^2）	515.46	244.72
住宅竣工面积（万 m^2）	416.28	198.20
写字楼竣工面积（万 m^2）	24.62	15.29
商铺竣工面积（万 m^2）	36.94	24.52
商品房销售额（亿元）	525.84	181.39
住宅销售额（亿元）	422.66	134.80
写字楼销售额（亿元）	21.48	23.11
商铺销售额（亿元）	62.51	19.37
商品房销售面积（万 m^2）	1114.92	348.23
住宅销售面积（万 m^2）	928.33	285.70
写字楼销售面积（万 m^2）	39.82	30.82
商铺销售面积（万 m^2）	87.33	19.80

数据来源：昆明市统计局

20.2 土地市场

图 20-1 昆明市可建面积前 10 名的房企入驻分布图（2011—2012 年上半年）

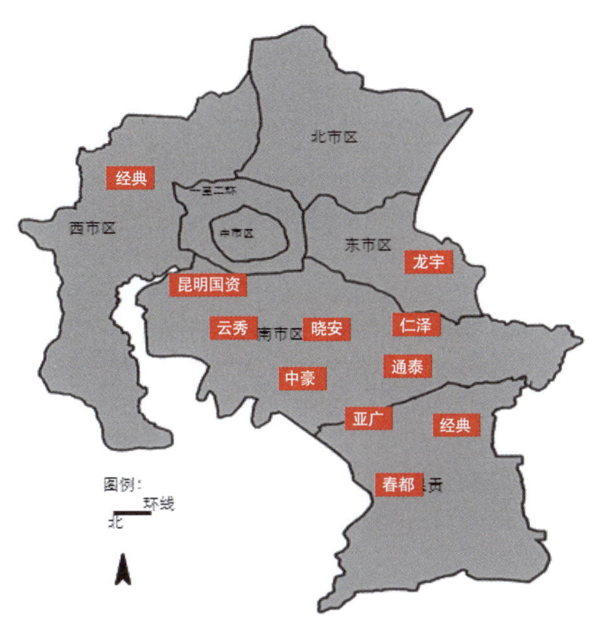

排名	开发商	区域	用地性质	地块面积 (hm^2)	可建面积 (万 m^2)	总价 (亿元)	楼面地价 (元 /m^2)	日期
1	云南龙宇	东市区	商业	26.41	72.06	2.37	328	2011-10
		东市区	居住	141.67	273.19	12.33	451	2011-10
2	云南中豪	南市区	居住	51.91	212.15	38.01	1792	2011-03
		南市区	商业	51.56	236.34	24.00	1016	2011-03
3	昆明通泰	南市区	居住	16.19	40.47	4.95	1224	2011-09
		呈贡	居住	30.38	46.74	11.12	2378	2011-02
		呈贡	商业	3.48	9.94	1.10	687	2011-02
4	云南经典	一至二环	居住	6.00	22.13	5.58	2519	2011-10
		一至二环	商业	8.58	69.94	7.98	1140	2011-10
		呈贡	商业	6.08	9.11	1.27	1396	2011-06
5	云南仁泽	南市区	居住	32.01	55.87	29.00	5190	2011-09
		南市区	商业	4.56	9.33	4.14	4431	2011-09
6	昆明云秀	南市区	居住	18.88	33.19	12.21	3680	2011-02
		南市区	商业	5.55	10.12	3.14	3101	2011-02
7	云南亚广传媒	呈贡	居住	23.48	62.72	3.75	599	2011-03
8	昆明国资	呈贡	居住	18.93	29.58	2.84	960	2011-10
		呈贡	商业	3.28	13.11	3.34	2544	2011-05
9	昆明春都	呈贡	居住	20.01	50.03	9.01	1800	2012-02
10	昆明晓安	南市区	居住	17.49	53.98	14.79	2740	2012-05
		南市区	商业	2.38	9.27	2.01	1923	2012-05

数据来源：昆明市国土资源局

图 20-2 昆明市 9 大热点地块（2011—2012 年上半年）

排名	地块名称	关注点	关注信息	开发商
1	昆明市东风广场、白塔片区 KC2008—32—A1 地块	2011 年溢价率最高的商业用地	溢价率：65.47%	恒隆（昆明）有限公司
2	官渡区宏仁片区 KC2010-76 地块	2011 年占地面积最大的商业用地	占地面积：106.03hm^2	云南中豪置业有限责任公司
3	高新区梁家河 J2009-095 地块	2011 年最大的城中村改造项目	建筑面积：92.07hm^2	云南经典房地产开发集团有限公司
4	经开区洛羊街道办事处大冲片区 J2010-049	2011 年呈贡新城最大的城中村改造用地	占地面积：33.86hm^2	昆明通泰置业有限公司
5	昆明市官渡区大板桥街道办事处 KCK2011 地块	2011 年占地面积最大的居住用地	占地面积：168.08hm^2	云南龙宇房地产开发有限公司
6	昆明滇池国家旅游度假区海埂街道管理处太河社区 J2011-027 地块	2011 年楼面地价最高的居住用地	楼面地价：5081.61 元 / m^2	云南仁泽房地产开发有限公司
7	昆明市官渡区广福路季官村、后所村 KC2009-07 地块	2011 年南市区最大的城中村改造项目	占地面积：24.43hm^2	昆明云秀房地产开发有限公司
8	昆明呈贡新城 VI3-4-1 地块	2011 年呈贡新城最大的居住用地	占地面积：23.48hm^2	云南亚广传媒发展有限公司
9	昆明市西山区老海埂路片区 KC2011-83	2012 年对片区产生巨大影响的商业用地	成交总价：11.06 亿 楼面地价：2400 元 / m^2	大连万达商业地产股份有限公司

资料来源：昆明市国土资源局

图 20-3 昆明市居住用地量价分布图（2011 年）

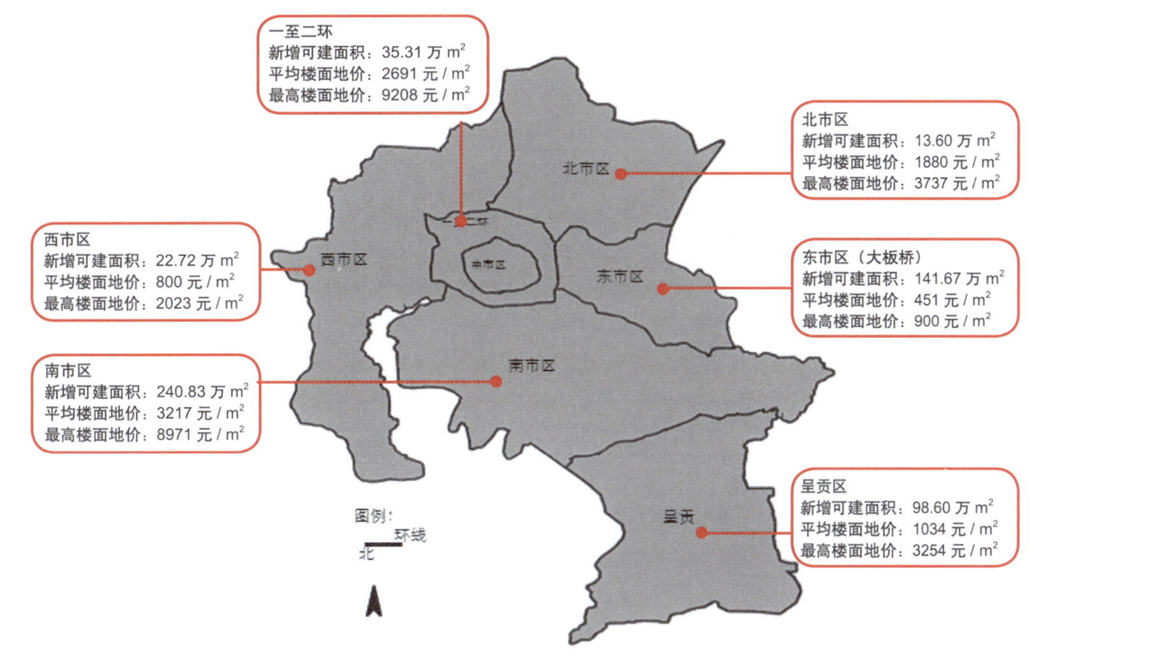

资料来源：昆明市国土资源局

图 20-4 昆明市居住用地量价分布图（2012 年上半年）

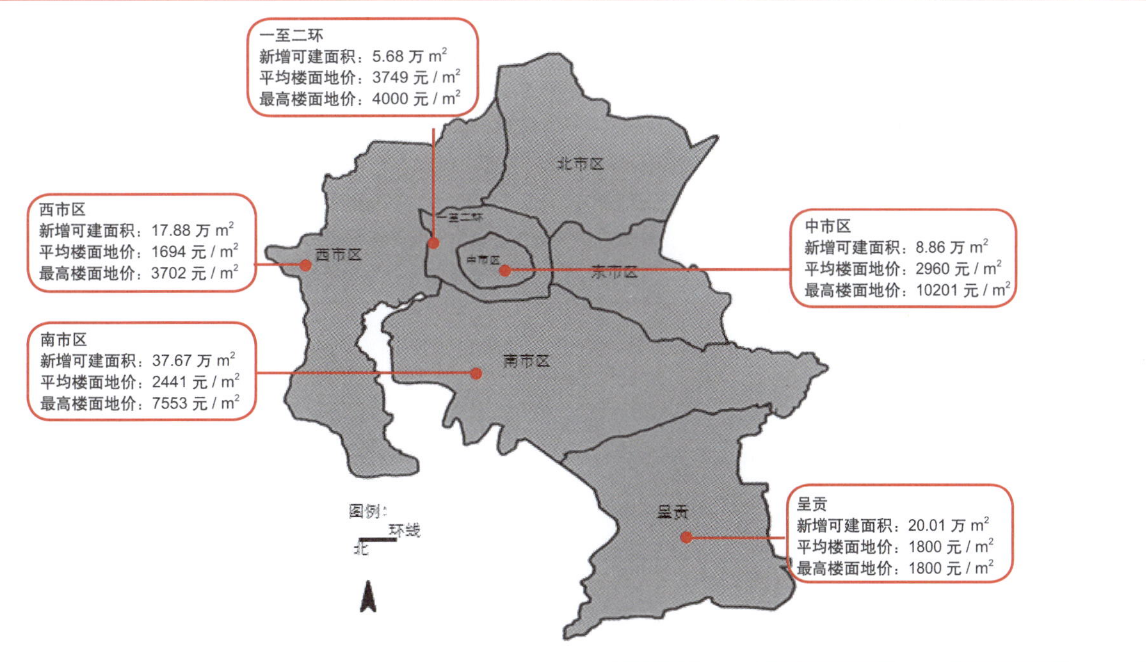

资料来源：昆明市国土资源局

20.3 住宅市场

昆明市历年商品住宅市场主要指标表（2011—2012 年上半年） 表 20-2

时间	商品住宅市场			二手住宅市场	
	批准预售面积（万 m^2）	预售登记面积（万 m^2）	销售额（亿元）	销售面积（万 m^2）	销售金额（亿元）
2011 年	652.59	600.52	443.12	—	—
2012 年上半年	545.20	58.97	—	—	—

数据来源：昆明市房产信息网

昆明市商品住宅供需情况表（2011—2012 年上半年） 表 20-3

区域		新增面积（万 m^2）	销售情况			
			销售套数（套）	销售面积（万 m^2）	成交金额（万元）	成交均价（元 /m^2）
昆明市	东市区	28.35	275	2.59	6288.21	—
	南市区	549.33	18100	114.25	550080.10	—
	西市区	139.70	6620	62.35	202446.71	—
	北市区	197.69	11231	72.46	367993.52	—
	中市区	18.31	1505	2.07	95383.58	—
	一至二环	149.76	2331	19.34	36937.24	—
	呈贡	111.56	1205	5.48	19723.06	—

数据来源：昆明市房产信息网
备注：昆明未按照区域进行统计分类，新增面积为获得预售面积的项目，销售情况是根据昆明每天前十项目的公布进行统计的，因此仅具有参考性

图 20-5 昆明市新建住宅售价前 10 名楼盘分布图（2011 年）

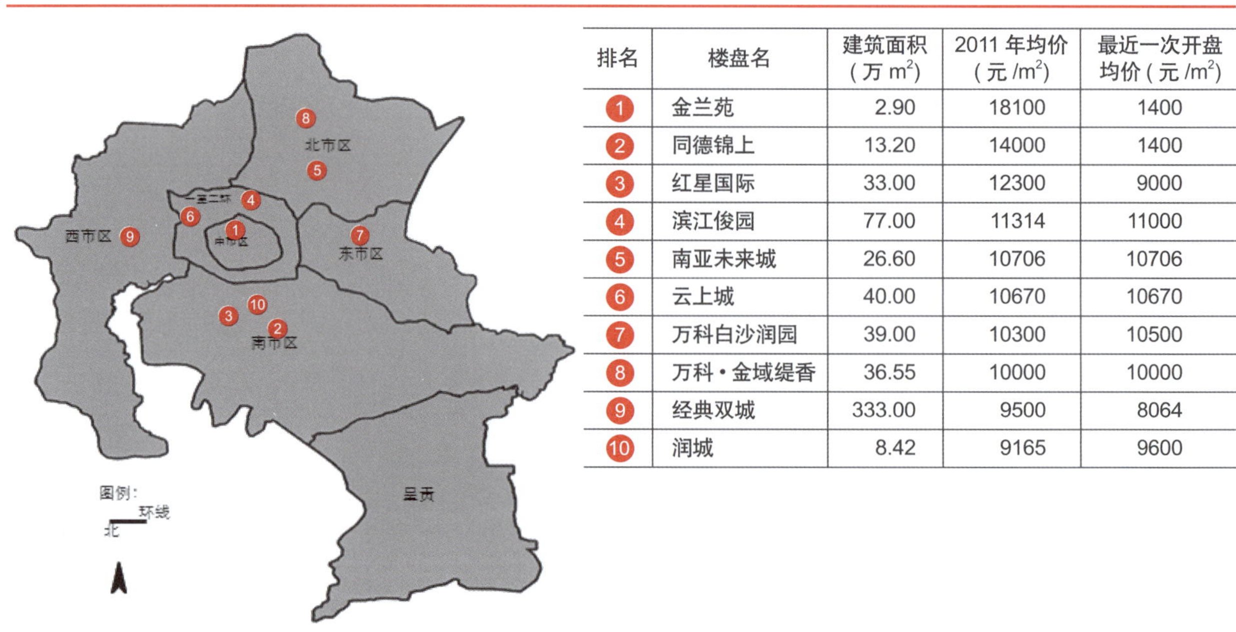

排名	楼盘名	建筑面积（万 m^2）	2011 年均价（元 /m^2）	最近一次开盘均价（元 /m^2）
1	金兰苑	2.90	18100	1400
2	同德锦上	13.20	14000	1400
3	红星国际	33.00	12300	9000
4	滨江俊园	77.00	11314	11000
5	南亚未来城	26.60	10706	10706
6	云上城	40.00	10670	10670
7	万科白沙润园	39.00	10300	10500
8	万科·金域缇香	36.55	10000	10000
9	经典双城	333.00	9500	8064
10	润城	8.42	9165	9600

资料来源：昆明中原资源中心市场研究部监测

图 20-6 昆明市新建住宅售价前 10 名楼盘分布图（2012 年上半年）

排名	楼盘名	建筑面积（万 m^2）	2012 年上半年均价（元 /m^2）	最近一次开盘均价（元 /m^2）
1	金兰苑	2.9	14000	14000
2	滨江俊园二期	10.7	11000	11000
3	万科白沙润园	39.0	10500	10500
4	香樟俊园	3.7	9250	9250
5	金尚俊园	61.0	8857	8857
6	银杏金川	5.5	8701	8701
7	广福郡	10.0	8600	8600
8	中天融域	52.0	8396	8396
9	葡萄街区	56.0	8350	8350
10	广基锦悦四季	26.0	8000	8000

资料来源：昆明中原资源中心市场研究部监测

图 20-7 昆明市新建住宅销售面积前 10 名楼盘分布图（2011 年）

排名	楼盘名称	2011 年销售面积（万 m^2）	2011 年均价（元 /m^2）
1	天骄北麓	24.64	8500
2	天怡峰景花园	19.64	8500
3	经典双城	18.44	9500
4	金域缇香花园	11.60	11579
5	春城慧谷小区	10.07	7700
6	滨江俊园	7.21	10800
7	第三城．映像欣城	4.78	6500
8	银海樱花语小区	3.98	9000
9	巨和美术小区	3.51	10000
10	星宇园	2.36	7800

资料来源：昆明中原资源中心市场研究部监测

图 20-8 昆明市新建住宅销售面积前 10 名楼盘分布图（2012 年上半年）

排名	楼盘名称	2012 年上半年 销售面积（万 m^2）	2011 年上半年 均价（元 /m^2）
1	金尚俊园	15.39	7800
2	花好月圆	5.33	7700
3	海伦国际	3.95	7500
4	春城慧谷小区	3.74	7500
5	金域缇香花园	3.72	11000
6	经典双城	3.36	8000
7	东盟森林小区	2.78	6000
8	第三城 . 映象欣城	1.79	6500
9	橙郡小区	1.63	7200
10	欢乐城・海运花园	0.66	7600

资料来源：昆明中原资源中心市场研究部监测

图 20-9 昆明市新建住宅 10 大热点楼盘分布图（2011—2012 年上半年）

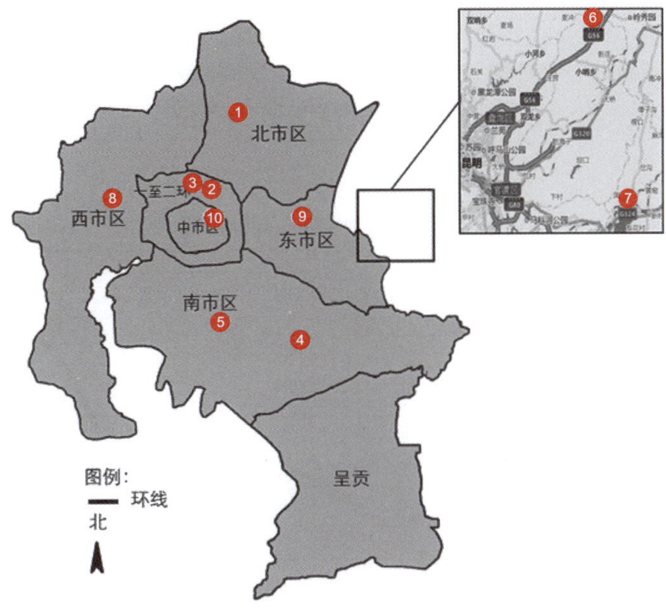

排名	关注点	楼盘名称	最近一次开盘均价（元 /m^2）	建筑面积（万 m^2）
1	万科在昆明第一个项目	万科金域缇香	11000	36.6
2	2012 年最快走量楼盘	金尚俊园	8857	61.0
3	本土俊发地产高档住宅	滨江俊园	11000	10.7
4	本土银海地产 2011 主推项目	银海·樱花语	9500	60.0
5	2012 年上半年每周走量的标杆	红星国际	9000	33.0
6	2011 年狂热销售的别墅楼盘	御景新城	13000	320.0
7	云南旅游地产的标杆项目	华侨城	23000	3.1
8	城中村改造典型项目	启鸿·假日城市	7800	69.0
9	万科在东市区的标杆项目	万科·白沙润园	10500	39.0
10	昆明中市区豪宅标杆项目	七彩俊园	13000	100.0

资料来源：昆明中原资源中心市场研究部监测

公司 Company

深圳

中原地产代理（深圳）有限公司

中原（湖南）房地产代理有限公司

中原地产代理（深圳）有限公司福建分公司

昆明中原房地产经纪有限公司

中原地产代理（深圳）有限公司

一、公司简介

中原地产代理（深圳）有限公司成立于 1997 年，源于香港，属于中原集团，是深圳规模最大的专业地产代理公司，素有“皇牌代理信心标记”的美誉。经过十多年的成长，稳步发展，目前员工人数已超过 7000 人，为政府土地投资提供调研服务，为开发商提供全程咨询策划及销售代理服务，为深港等地客户提供住宅、写字楼、商铺、厂房租售经纪服务以及按揭，评估等服务。

深圳中原成立十多年来，二级市场总计代理新楼盘千余个，成交面积近 2200 万 m^2，成交金额约 2400 亿，年均增长率超过 40%。自 2001 年起，深圳中原二级市场代理楼盘数量，代理楼盘销售量等均已位居深圳房地产市场首位，占有率连年持续攀升，至 2012 年均已超过 50% 的市场份额。

深圳中原住宅部一直推行“公开资讯、公平交易、不吃差价”、“第三方资金监管”等二手中介经营理念，已经成为倡导行业诚信和规范行业市场的引领者并得到了市场的充分认可。如今，深圳中原二手楼成交量已占深圳市场成交量的 35% 以上，远超行家，市场第一位置无法撼动。公司住宅部营业地铺（分行）超过 300 家，拥有全方位的房源信息、广泛的客户网络及行业中最先进的信息管理系统，继续引领行业发展。

深圳中原工商铺部秉承专业专注，诚信经营的理念，专注于为客户提供全面的商用物业解决方案，对商业地产项目进行市场分析定位、营销控制、商业设计，招商策划以及推广方案的执行及销售管理。工商铺部在写字楼，商铺，厂房租售等业务领域始终引领着市场的发展。

深圳中原实行“任人唯贤”的用人制度，给每个人以充分的成长和发展机会，定期组织内部培训，帮助员工进步和成长。2003 年深圳中原在《财富》（中文版）及华信惠悦（WatsonWyattWorldwide）举办的首届“卓越雇主——中国最适宜工作的公司”调查评选中当选为十大企业之一，成为深圳唯一上榜企业。深圳中原坚持诚信经营，自觉依法纳税，2006—2009 年间，连续四年荣获福田区纳税百强企业称号，2010 年，深圳中原荣获福田区纳税亿元企业称号，持续树立诚信纳税的业界典范。

二、主要部门介绍

（一）二级市场

深圳中原二级市场专注于整合专业团队，坚持与时俱进精神，优化销售流程，形成创新思维体系，进一步挖掘项目价值，最大化打造明星楼盘；业绩创收一直独占鳌头。

1. 业务范围：开发决策、建筑规划、发展定位、营销策略、销售执行、开发顾问、专项研究。

2. 服务优势：高效、有序的质量控制流程以及丰富的后台网络资源为客户提供专业、个性、一体化的服务。

（1）质量控制流程

■ 报告质量控制

对策划代理流程中的市场分析、项目定位、建筑设计、营销推广、价格定位、营销总结等重要环节的操作进行评审，保证客户享受到具有高客观性、高可靠性和高准确性的服务。

■　销售质量控制

为销售人员提供专业的销售技巧培训，利用中原销售系统（CCES）实现销售现场的电脑化、规范化管理，并由销售中心对销售现场服务水平进行监督，为客户提供高效率、高质量的销售服务。

（2）后台网络资源

■　客户资源平台

通过二级市场每年 100 多个在售项目与深圳中原三级市场 300 多个地铺进行客户资源共享，为项目的成功销售铺就了一个低成本高效率的巨大网络。

■　策划资源平台

收集千余个中原历年的策划代理项目案例的策划资源平台，为策划人员提供丰富的成功策划案例，提升和保证全员策划水平，为客户提供专业化、多样化、个性化的策划顾问服务。

3. 主要代理楼盘

成功打造了东海花园、中海怡翠山庄、中海阳光棕榈园、皇御苑、桃源居、百仕达东郡、红树西岸、万科金域蓝湾、万科第五园、观澜湖、圣•莫丽斯、保利文化广场、桂芳园、星河世纪、金中环商务大厦、松山湖 1 号、东方尊峪、天健现代城、世纪春城、可园、金地名津、桑泰丹华、华侨城天麓、雅颂居、世金汉宫、佳兆业中心、罗马公元、水榭山、卓越维港、信义假日名城、荔山公馆、卡罗社区、富通城、集信名城、城市山林、唯珍府、水木澜山、振业星海名城、海岸卡夫诺、龙城国际、葵花公寓、宝能太古城、三湘海尚、君汇天下、中海康城花园、星河时代花园、水榭春天花园、首地容御花园、莱蒙春天花园、振业城、中粮锦云花园、振业峦山谷花园、万泽云顶尚品花园、桐林公寓、田厦翡翠明珠花园、上东湾雅居、睿智华庭、君临天下名苑、嘉洲富苑、海境界家园一期、公园大地花园、港丰大厦、澳城花园等众多明星楼盘……

（二）三级市场住宅部

深圳中原住宅部成立至今，营业地铺（分行）超过 300 家，二手楼成交量占深圳市场成交量的 35% 以上，远超行家。拥有全方位的房源信息、广泛的客户网络及行业中最先进的信息管理系统，坚持以诚信为导向，并在实践中履行着自己的承诺，强大的监管系统和员工自身恪尽职守的职业操守，保证客户享受到完全真实的信息和服务。

1. 业务范围：为客户提供居间代理买卖服务、租赁服务和银行按揭服务等，并代办各项房地产产权转让相关手续，同时为客户提供房地产信息、法律法规等咨询服务。

2. 服务优势：（1）以高度诚信的服务质量，赢得客户的认可，赢得大份额市场；（2）在规模、分行数量、成交金额、市场份额等各项指标中均以绝对优势独占鳌头，实现了业务的高速发展和可持续性发展；（3）以规模化经营形成强大竞争实力，拥有全方位的房源信息、广泛的客户网络和 CCAI 等系统，即时响应客户需求，完美实现资源优化配置，确保信息流通顺畅。

（三）三级市场工商铺部

深圳中原工商铺部从2000年开始成立，发展至今已经拥有写字楼部、商铺部、策划中心等部门及法律和按揭专组人员。工商铺部职能得到更进一步的完善，同时以其专业化、优质化、高效化去办理写字楼、商铺和商业地产营销策划及专业顾问业务。在商业业务上更多元化地为大厦裙楼策划、招商，尽显中原的尽善尽美。成立至今已有近60个工商铺专业部门，业务覆盖深圳、东莞、惠州等地区，成功代理卓越世纪中心、鸿隆世纪广场、嘉里建设广场、世界金融中心、正中时代广场、NEO绿景纪元大厦、百仕达大厦等明星项目。

1. 业务范围：专注于为客户提供全面的商用物业解决方案，对商业地产项目进行市场分析定位、营销控制、商业设计，招商策划以及推广方案的执行及销售管理。

2. 服务优势：专业化的服务、个性化的产品、精确化的管理、标准化的执行是中原让客户满意的四大法宝。

（1）服务专业化

拥有全面专业房地产、金融、保险知识和良好客户沟通技能的专业队伍，能迅速明确客户需求，满足不同层次客户需求。

（2）产品个性化

不仅提供准确、深入和可信的商用地产市场资讯和分析报告，亦能为客户提供个性化的投资决策研究及咨询服务，为客户规避风险，赢取最大投资回报，提供专业支持。

（3）管理精确化

不断优化管理流程，强化后台支撑，建立可操作的、具体的、信息化的、可传播的服务能力和服务业绩评价考核体系，实现管理与业务的整体合作。

（4）执行标准化

依据国家标准、行业标准、从强化员工内动力出发，推出标准化操作流程，并严格控制操作程序，有效提高执行标准化。

（四）非营业部

深圳中原非营业部是依企业发展需求组建的职能部门，以支持公司高水平建设与发展为原则，以服务公司营业部门为导向，实现部门、资源、人员的有机组合与协调发展为目标，目前拥有人力资源部、财务部、市场研究部、行政部、电脑部、二级市场法律事务部、三级市场法律事务部、资金监管部、外省事务部及网络运营部强势阵容，以优秀的服务意识和专业精神为前线经营提供坚强后盾。

三、中原大事记（2011—2012年）

1. 深圳中原荣获深圳市2010—2011年度无偿献血先进集体称号

2011年10月，深圳中原秉承“人道、互助、博爱、奉献”的慈善理念，获得深圳市2010—2011年度无偿献血先进集体殊荣，这标志着深圳中原慈善公益事业跨入巨舰发展的新纪元，赋予中原人更崇高仁善的社会使命！

2. 深圳中原2012校园招聘活动圆满结束

2011年10月，深圳中原开展主题为“有你更精彩”2012校园招聘活动，更好地提升深圳中原优秀品牌雇主形象，吸引全国各地高素质高能力人才，进一步强大企业新生血液，增强人才竞争力。

3. 深圳中原荣获 2011（第三届）中国地产年度中介大奖

2011 年 11 月，深圳中原凭借高额市场占有率、业界影响力、企业专业诚信及优质服务等多方面综合表现，荣膺 2011（第三届）中国地产年度中介大奖，再次获得社会各界人士的大力认可。

4. 深圳中原 2012 新春媒体交流会圆满成功

2012 年 1 月，深圳中原召开 2012 新春媒体交流会。2011 深圳中原（大深圳区）全年佣金收入达 13.86 亿元，其中深圳地区全年佣金收入达 11.71 亿元，在逆市中迎风而上，在风浪中稳步提升。

5. 深圳中原 2012 年度春茗晚会暨员工表彰大会圆满落幕

2012 年 2 月，以“蹑云平下御风雷”为主题的深圳中原 2012 年度春茗晚会暨员工表彰大会在深圳湾体育中心体育馆隆重拉开帷幕！腾云耸入，平拂浪涌惊湍，欲乘风而去，顺势而为之。

6. 深圳中原举办“相信爱・中原与你同在”江西希望小学爱心活动

2012 年 4 月，深圳中原传递爱心火炬，开展江西希望小学爱心关怀活动。长长扶青路，绵绵手足情；爱心无止尽，助学见真情。深圳中原，相信爱，与你同在。

7. 深圳中原隆重召开 2012 年一季度工作总结及展望会议

2012 年 4 月，以“凝聚内力・领航市场”为主题的深圳中原 2012 年度一季度工作总结及展望会议隆重召开。本次大会目的在于坚持资源利用最大化原则，完善各部门信息交流平台，在运营管理上互相借鉴，互相创新，互相汲取。

8. 深圳中原 2012 年度精英会成立大会

2012 年 5 月，深圳中原 2012 年度精英会成立大会在深圳商报社正式举办，始终秉承“精英求精、培育群英”的宗旨，真正树立精英标杆，发挥楷模作用，用中原的服务之德培育精英！

9. 深圳中原高度赞扬见义勇为救人行为

2012 年 5 月，深圳中原高度肯定张满生、周文国在“5•31”轿车坠河事件中的英勇救人行为，大力赞扬员工见义勇为高尚情操，给予公司内部通报表扬并“见义勇为”荣誉称号，并颁发奖状及现金奖励。

10. 深圳中原荣膺“2011 深莞惠优秀地产综合服务商”美誉

2012 年 5 月，深圳中原作为中国房地产服务行业的引领者，荣获“2011 深莞惠优秀地产综合服务商”称号，充分展现出中原地产强大的综合实力和优质的服务品质。2012，深圳中原载誉绽放。

11. 深圳中原二级市场 6 月佣金破历史最高记录

2012 年 6 月，深圳中原二级市场以跃宇腾飞姿态显现逆市营销实力：6 月份佣金总额高达 4250 万元，成交单数为 2920 单，破历史最高记录。在政策调控中灵活应市，在逆势袭来时夺目绽放，在楼市低迷处破土衍生！

12. 深圳中原正式召开 2012 年中媒体交流会

2012 年 7 月，深圳中原顺势而为，举办以“筑底成功・全年平稳”为主题的 2012 年中媒体交流会。深圳中原 6 月份业绩达 1.33 亿元，又创历史高峰！上半年业绩稳步上升，以其稳健发展的策略，逆势而上，稳中取胜，在逆势袭来时从容绽放。

重要荣誉榜：（2010—2012 年获奖记录）

获奖时间	获奖公司	所获奖项	主办单位
2012 年	深圳中原	2011 深莞惠优秀地产综合服务商	深圳广播电影电视集团
2011 年	深圳中原	58 同城房产网络赢销中国行 华南地区房产中介年度杰出机构	北京五八信息技术有限公司
2011 年	深圳中原	2011（第三届）中国地产年会 年度中介大奖	北京大学汇丰商学院 南方都市报
2011 年	深圳中原	2010 年纳税亿元企业三等奖	深圳市福田区人民政府
2011 年	深圳中原	深圳市无偿献血先进集体称号	深圳市卫人委 深圳市红十字会
2011 年	深圳中原	黄金十年顾问服务奖	南方都市报
2010 年	深圳中原	2010 年度（中国·深圳）房地产经纪行业杰出贡献企业	深圳房地产信息网
2010 年	深圳中原	2010 年深圳房地产经纪公司最受网友喜爱品牌中介奖	搜房网 2010 年中国房地产网络人气榜组委会
2010 年	深圳中原	2010（第二届）中国地产年会年度中介大奖	北京大学汇丰商学院 南方都市报
2010 年	深圳中原	“深圳经济特区建立 30 周年”品牌中介功勋大奖	深圳特区报社
2010 年	深圳中原	福田区 2009 年度纳税百强企业称号	深圳市福田区人员政府

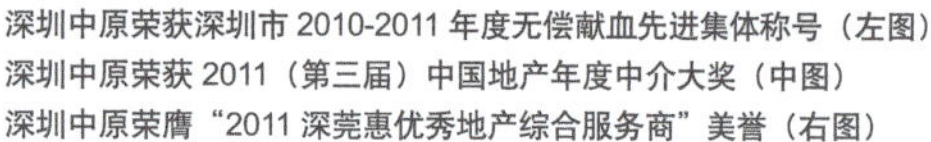
深圳中原荣获深圳市 2010-2011 年度无偿献血先进集体称号（左图）
深圳中原荣获 2011（第三届）中国地产年度中介大奖（中图）
深圳中原荣膺“2011 深莞惠优秀地产综合服务商”美誉（右图）

深圳中原荣获深圳市 2010-2011 年度无偿献血先进集体称号（左图）

深圳中原荣获深圳市 2010-2011 年度无偿献血先进集体称号（左图）

深圳中原 2012 年度春茗晚会暨员工表彰大会圆满落幕

深圳中原 2012 年度精英会成立大会

深圳中原举办“相信爱·中原与你同在”江西希望小学爱心活动（左图）

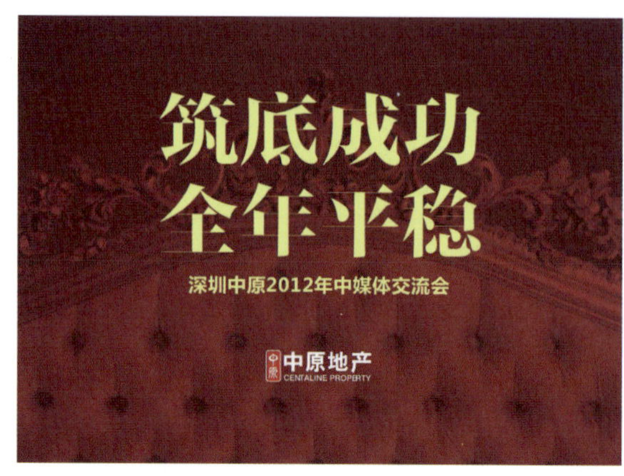

深圳中原正式召开 2012 年中媒体交流会（右图）

四、深圳中原内部活动

2012 年度深圳中原“蜕变·成长”训练营开学典礼（左图）

2012 年度深圳中原第 1 届“远志领航”班开学典礼（右图）

2012 年度深圳中原二级市场“传奇杯”乒乓球赛（左图）

2012 年度深圳中原“亲子陶艺乐 Fun 天”六一特别活动（右图）

2012 年度深圳中原火热展开“原”来有你照片征集活动

中原（湖南）房地产代理有限公司

一、公司简介

中原（湖南）房地产代理有限公司为香港中原集团全资子公司，2007 年初，成立于湖南长沙，主要业务范围包含房地产二级市场营销代理以及三级市场租售业务。5 年来，二级市场累计签盘近 130 个，在售楼盘近 50 个，物业类型覆盖别墅、洋房、公寓、普宅及城市综合体等各层次、类别的产品。三级市场在 2011 年 8 月首开 3 家地铺，到今年底预计又将扩建铺面，真正实现二、三级市场全面联动。

湖南中原秉承中原集团一贯的专业精神和服务水准，在整合强大的团队资源，以及庞大的客户资源基础上，取得了令人瞩目的业绩。2009 年，全公司二级市场实现应收业绩 3400 万，2010 年，再接再厉实现应收 5000 万元的销售业绩。2011 年的实现应收 5600 万元，成为长沙代理行业的“领头羊”，2012 年上半年，淡市之下，销售金额超过 28 亿元，销售面积为 47 万 m^2，市场占有率高达 12%，占有率同比增长近 50%。并实现 2680 万元的应收业绩。

湖南中原成立以来，与诸多大型品牌开发商都有过友好合作，如，万科集团、中国五矿地产、深圳卓越集团、中建地产、恒基地产、新华都、北辰实业、勤诚达、长房集团、佳兆业集团、浙江郡原集团、中铁集团、顺天集团、建鸿达等。湖南中原曾被评为湖南地区最具影响力的代理公司，连续 5 年成为湖南代理行业市场占有率第 1 名， 2010 年被评为“长沙楼市最具营销力代理机构”，2011 年被评为“长沙楼市榜样营销代理机构”，2012 年，湖南中原经过 5 年的沉淀，目前已在长沙楼市实现了豪宅楼盘占有率第 1、综合体项目占有率第 1、大盘占有率第 1。

二、主要部门简介

（一）二级市场部

1. 部门介绍

二级市场部主要负责一手物业方面的业务工作，其中下设拓展部、事业部。团队具备敏锐的市场洞察力、丰富的营销策划经验及训练有素的销售团队，为发展商提供多层次专业服务。

2. 业务范围

服务类别	具体服务内容
前期顾问类	专业市场调研：市场现状及竞争对手动态分析
	地块规划及产品定位建议：市场定位、地块分析、客户研究、项目规划等一系列建议
	项目可行性研究：项目优劣势分析、投资回报率及风险分析
营销策划类	市场定位分析：锁定目标市场，确立项目定位、圈定目标客户群
	营销策划建议：构思项目案名、宣传主题及包装手法，制定项目总体阶段性销售方案
	执行广告企划：跟进推广物料的筹备和制作、监督媒介投放情况
销售代理类	严格的销售人员准入和晋升制，定期组织新员工和销售经理二梯队培训及考核
	利用庞大客户资料库，寻找潜在目标客户
	与策划人员密切配合，及时反馈销售情况和市场反应
	提供完善的客户跟进服务

3. 经典项目分享

项目名称	业绩	项目图片
北辰三角洲	500 亿打造长沙城市发展的“曼哈顿中心”。湖南省乃至整个中南地区高品质都市生活区的示范标杆，成为全国翘楚的都市游憩商业区。	
佳兆业 水岸新都	2011 年，项目实现 11 个亿的全年销售金额	

项目名称	业绩	项目图片
世茂·铂翠湾	项目将是河西第一个集商业、住宅、五星级酒店、精品公寓于一体的国际化城市综合体	
勤诚达·新界	河西金星北新城首席滨水高端住宅，140 万 m^2，为勤诚达集团在长沙的开山力作	
万科金域华府	万科集团倾力打造的 56 万 m^2 全精装修项目，自从合作以来，逢推新货即售罄	
嘉盛格兰小镇	长沙首座苏格兰风情别墅社区，联排、独栋、双拼、洋房、高层，产品丰富。高层开盘热销，成交率 80% 以上	
中铁水映加州	拥有南加州风格，宜居低密度风情别墅；获得 2011 年长沙市别墅类综合竞争力五强楼盘	
奥林匹克花园	集酒店、写字楼、大型百货、超市卖场、商业街于一体的长沙南城 30 万 m^2 大型商业综合体，长沙第一批平层豪宅项目	

（二）三级市场住宅部

湖南中原住宅部处于起步发展阶段，于 2011 年 8 月首开 2 家地铺，发展到现在已有 4 个铺面。秉承深圳中原住宅部专业服务精神，以诚信为导向，员工自身恪尽职守的置业操守和真诚的服务态度为客户能享受到完全真实的信息和服务提供保障。

（三）资源中心

资源中心下设研究中心、策略中心、销售中心，为事业部以及非营业部提供各类支持。工作范围包含：市场研究、项目支持、客户研究，销售培训、客户管理、策划培训、策划晋升以及组织各类策划和销售活动。

（四）非营业部

为营业部提供有力的后勤保障，其中包括：财务部、人事行政部等，为客户提供一条龙的专业服务。

三、发展计划

2007 年，湖南中原成立，4 年的时间，以专业和诚信服务态度迅速占领长沙市场，市场占有率、营业额、业绩快速攀升。目前在一手房市场上已经站稳了脚步，取得了市场领头羊的位置，下一步计划是开拓二手房市场，进一步规范长沙二手房交易市场，做到公开资讯、公平交易，皇牌代理、信心标记。

从公司布局来看，未来 1~2 年内将立足长沙，辐射株洲、湘潭。3~5 年，将以长沙作为湖南的总部基地，逐渐辐射到岳阳、常德、衡阳等省内地级市，借助长沙良好的“十二五”发展规划，在湖南省形成一个“森林式”的发展网络；从更长远来看，希望这个森林能为社会源源不断地提供更优质的服务。

四、专业形象

2012 年 5 月 26—29 日，长沙市第 33 届房交会在红星国际会展中心举行。本届房交会受市场低迷影响，人气对比往年，略有减弱。但活动期间，现场十分火爆。本届房交会引来万科、绿地、五矿、长房等 20 家房地产开发商和相关行业企业参展。湖南中原代理的长房时代城、万科金域华府、五矿格兰小镇等参展，达到较好的形象宣传效果。

1. 重要荣誉榜（2011—2012 年上半年）

获奖时间	获奖公司	所获奖项	主办单位
2011 年 12 月	湖南中原	2011 年中国（长沙）年度竞争力品牌代理机构	搜房网
2012 年 01 月	湖南中原	幸福力 • 2011 年度榜样营销代理机构	中国地产代理联盟
2011 年 12 月	湖南中原	2011 年度中国湖南房地产四大金牌代理公司	中国不动产研究中心，搜狐焦点网
2011 年 12 月	湖南中原	2011 年湖南深圳商会先进单位	湖南省深圳商会

从左至右：2011 年中国（长沙）年度竞争力品牌代理机构、幸福力•2011 年度榜样营销代理机构、2011 年度中国湖南房地产四大金牌代理公司、2011 年湖南深圳商会先进单位

五、中原大事记

2012 年 7 月，中原华南区赢销大赛在长沙取得圆满结束！ 2012 年华南区赢销大赛定于美丽的星城长沙，橘子洲畔，岳麓山下，中原精英才子们汇聚一堂，充分展示了各自的风采，赢得属于自己的荣誉。

2012 年 4 月 7 日一 2012 年 4 月 8 日，湖南中原在湖南大学、湖南商学院举行了大型校园招聘会。会场吸引了众多莘莘学子齐聚一堂，由公司的各个事业部的总经理和资源中心的总监给大家宣讲集团的发展历程、行业地位、竞争优势、企业文化、社会责任以及湖南分公司的发展历程与现状，充分展现了中原的良好形象。与此同时我们也十分注重与学生的沟通交流，给学生充足的提问时间，耐心地解答各种问题，增加互动，让学生零距离感受了解了中原的文化。本次校园招聘会在大深圳资源中心同事和分公司领导、同事的共同努力下取得良好的效果，帅选了众多优秀的毕业生到公司实习，给公司带来了新鲜的血液，让公司变的更具活力和动力，促进公司战斗力的进一步拔升。

2012 年 2 月 23 日，主题为逆市绽放，破冰起航的春茗晚会在华盛泰大酒店隆重召开，2011 年，是湖南分公司硕果累累的一年，5600 万元的应收业绩得到了到场的集团主席黎明楷、大陆区总裁赖国强和华南区总经理李耀智的一致赞扬，他们共同祝福湖南分公司在来年取得更加优秀的业绩，创造更多的辉煌。晚会由公司的管理层奉献的嘻哈舞蹈开场，风趣幽默的动作，配合滑稽搞笑的音乐，赢得大家一致的笑声，引爆了全场的气氛，接下来各事业部同事带来的优美舞蹈和高雅的琴棋书画表演，也令大家眼前一亮，享受了一场视觉的盛宴。美好的时光总是短暂，在悠扬的“我们是相亲相爱的一家人”歌声中，晚会取得圆满结束。2012 年我们将继续扬帆起航，再创辉煌！

2011 年 8 月 19 日，湖南中原三级市场盛世分行开张，标志着湖南中原正式进军湖南长沙三级市场，标志着中原集团在内地又多了一片“森林”。为什么选择在国家宏观调控最为严格的时机进入二手房市场？湖南中原掌舵人胡治钢有着周详的战略思考。中原集团经过 30 几年的发展，积累了丰富的市场经验，在弯道才有超车的机会。在二级市场一手房市场已做到“领头羊”的地位，此阶段在发展三级市场二手房市场，湖南中原二、三级市场联动，综合竞争力是其他行业对手无法比拟的。老板施永青一直强调“物竞天择、森林发展”，有竞争才有发展，而中原无惧任何激烈的竞争，湖南中原作为其中一员，我们终将打败竞争对手，做真正的 NO.1。

中原华南区赢销大赛在长沙

逆市绽放，破冰起航——2012 年春茗晚会

湖南三级市场盛大开铺，奏响了湖南三级市场新篇章

拓展部衡山拓展活动

中原地产代理（深圳）有限公司福建分公司

一、公司简介

2007 年 4 月，伴随着八闽大地如火如荼的建设浪潮，深圳中原率先启动了大深圳战略，福建中原秉承着中原优秀企业文化及无为而治的经营理念在海峡西岸这片土地上应运而生。

以福建省省会城市福州作为八闽战略根据地，并锁定泉州、厦门、莆田几个发达区域作为战略城市。以主要城市为战略据点，逐步将业务布局到整个海西范围。2011 年泉州分公司成立，福建中原实现以福州、泉州、莆田为核心的福建区域全面发展布局。在与深圳总部的密切联动及全力支持之下，为适应本土市场特点，福建中原不断的开拓创新，经过近 5 年的实践探索，终于确立了中原地产在大海西中心的行业翘楚地位。

福建中原成立以来，先后与万科地产、海峡西岸投资有限公司、厦门禹州集团、正祥集团、世欧地产、闽长置业、福州新榕、宇洋地产、申发置业及福建烟草的全资子公司海晟地产等一线品牌开发商合作，相继代理有正祥•一品特区、正祥•橘郡、衣锦华庭•尚林苑、海西时代中心、聚融•韵动领地、万科•金域榕郡、万科•金域中央、宇洋中央金地等楼盘。

5 年多以来，福建中原凭借专业的营销策划能力、优秀的项目操盘执行力及良好的信誉，赢得众多合作公司的广泛好评，成绩斐声业内外，目前福建中原仍一直在蓬勃发展并不断壮大着。5 年辉煌，我们一直在延续；未来辉煌，我们永远在创造！

福建中原 5 大优势

品牌优势	全国最大规模、操盘数及业绩均排名第一的专业营销代理机构
资源优势	依托深圳中原 13 年 800 多个项目的优秀操盘经验，依托深圳中原投入几千万资金打造的共享平台资源，能迅速借鉴到国际国内先行操盘经验
团队优势	本项目操作团队由中原深圳总部统筹，福建分公司共同服务本项目，具备先进的国际化视野及本土经验的完美结合，能迅速扎根本土、了解当地市场，结合深圳一线城市的运作经验为项目服务；团队组成人员均成功操作过区域高端项目，拥有中心高端项目经验
销售优势	经过十多年的磨练，中原已经树立了狼性销售体制，中原的销售人员的狼性销售能力已经为全国大部分开发商所认知、传播；拥有福州高端项目最丰富客户资源
服务优势	中原是全国排名前 5 大专业品牌营销代理机构中，唯一一家在福州设立了分公司超过 3 年，并在福州市区内操作项目数量最多、常驻当地专业人员最多、各种专业部门（拓展部、研究部、财务部、后勤部等）在项目所在地最齐全，提供“国际化 + 本地化”贴身服务的一线品牌代理公司

二、主要部门简介

1. 事业部

中原地产大深圳区域总公司在福建已拥有福州公司及泉州公司 2 个分行，每个公司的事业部均由强大的策划及销售两个团队组成，以营销代理一手项目为主营业务，依托中原集团 30 年专业地产代理经验，凭借强大的策略研究能力、超强的前瞻性及丰富的操盘经验，为福建各区域多个项目提供了全程的营销服务，同时，为扩大市场占有率，我们也以专业卓越的行业精神成功地为众多房企提供前期策划服务。

事业部业务范围：前期土地评估、专题市场研究、土地规划研究、产品设计、营销策略及项目销售等一系列专业服务。

2. 资源中心

福建中原资源中心分为策略研究中心及销售中心，除出品精准有效并及时的市场研究报告外，同时还建立有自己的数据库系统，数据均来自市场一手数据收集整理，包括客户数据库、楼盘数据库、土地交易数据库、房地产供求数据库、政策法规库等，并共享中原（中国）研究信息数据库系统，该系统是整个中原的信息数据库系统，可以达到整个大陆中原 20 多家分行信息资源共享的功能。另外，我们对内外的客户资源及案例报告进行整合，打造中原内部坚实的后部平台。同时对人才培养、人才提升提供更好的积极向上的学习平台，并协助拓展部做好市场动态的搜集整理，为拓盘做好坚实的后盾。凭借华南区大深圳资源中心的强力支持，充分利用区域客户、品牌、知识、人才等资源，打造区域竞争力，实现区域资源的整合与优化。

3. 拓展部

拓展部作为公司的业务运作的龙头部门，集合了一批充满朝气、市场洞察力较强、注重团队精神、服务意识强的房地产精英。

拓展部服务范畴：①福建房地产企业合作搭建，并构建良好沟通平台；②全面掌握福建房地产市场信息，为发展商提供更专业的咨询和服务；③福建一级土地市场资讯掌握，提供土地转让及招商引资服务；④与全国市场联动，提供及时的国内房地产资讯；⑤专职负责发展商的考察事宜，并提供国内其他城市考察服务；⑥全面负责项目运作中督导执行、洞悉市场动态、研判发展趋势、配合公司制订竞争策略及战略规划。

三、福建中原长期友好合作伙伴

港涵地产

四、福州中原年度大事记（2011-2012 年上半年）

2012 年 2 月 22 日 福州中原 2012 年年会 ---- 主题为“超越 2012”

2012 年 6 月 28 日 南星商城揭幕仪式——团结就是力量 专业成就形象

福建中原 2011 年中原日活动——原来一家人

2012 年 6 月福州中原义工联合会，温暖长相伴——义捐活动温情前行

中原，校园行——记福州中原校园宣讲首站福建工程学院校园宣讲会

2012 年 5 月 8 日，福州中原 VS 乐居福州友谊篮球赛。——无兄弟，不篮球。福州中原，勇往直前！

2012 年 4 月 21 日福州中原资源中心和策划同事集体春游——迎着风，我们一路踏歌而行

福州中原 2012 年首届策划人演讲大赛成功举办——“编”策自我，赛出风格

福州中原 2011 年第三季度策划季会——齐聚、畅谈、分享

五、福州中原团队风采展

安国威个人简介：

房地产从业经验：2 年

2011 年 3 月加入福州中原，就职于莆田发展部，非常热爱市场销售工作，有着十分饱满的创业激情，在工作任职期间做事情认真负责，有进取心，接爱新事物能力强；具有较强的集体荣誉感和高度的责任心。一年中，在销售工作上积累了大量的实践经验，获得 2011 年度莆田万科城项目销售冠军，并且获得公司 2011 年度最佳销售。目前担任万科城销售副经理。

2011年度最佳策划人/董贞贞

董贞贞个人简介：

房地产从业经验：2 年

2010 年加入福州中原，任职福州中原事业一部策划师；担任福州万科金域榕郡驻场策划，凭借优秀工作能力，直接被福州万科公司指定为万科广场项目策划人员；

所操项目万科广场定位“城市之心 精粹生活体”得到万科公司的直接采纳，并实际运用；所操项目融信大卫城在团队的共同努力下，轰动热销，再次称霸市场；

2011 年，凭借优秀的策划能力，摘得福建中原策划人大赛亚军，且所撰写策划报告被中原集团评为“内部十大优秀报告”。

2011年度最佳策划人/潘偲莉

潘偲莉个人简介：

缘来一家人，来到中原是一种缘分。

2011 年加入中原地产福州分公司。参与项目以来，负责项目的部分沟通工作以及项目组与公司领导之间的沟通反馈工作。撰写营销策略案、各项销售说辞、组织圈层、暖场活动等。同年，获得福州中原策划人大赛季军！ 2012 年代表福州中原参赛中原集团华南区赢营大赛之最佳策划人比赛。

“没有比脚更长的路，没有比人更高的山”这是我喜欢的一句话。不论前方风景怎样，都愿与中原一路同行！

2011年度最佳策划人/杨雪梅

杨雪梅个人简介：

从业经验：4 年

自毕业后投入地产行业以来，曾任职美旗集团，并跟随台湾专业策划团队共同参与海西美旗城（大型物流园）的策划推广工作；

2010 年任职于福建中胜房地产开发有限公司策划部，担任策划文案一职，负责中胜•财富天下项目的策划工作；

2011 年正式加入福州中原，任职于资源中心市场研究部，开始参与市场研究工作。毕业于国家重点院校——中南大学，拥有经济学专业背景，并在工作过程中积累了一定的专业技能，培养了敏锐的市场洞察力，熟悉全国尤其是福州市的房地产市场动态，深谙房地产市场运行规律，视角独特、思维活跃。

2011年度最佳销售经理/高守花

高守花个人简介：

房地产从业经验：5 年

2007 年加入福建中原地产，凭借超强亲和力，征服客户，在 2008 年逆势中成为福建在售项目衣锦华庭三期尚林苑销售冠军。

2009 年加入万科金域榕郡项目，凭借三级市场客户资源积累及福州高端尚林苑项目的客户积累成为半年销售冠军，并于 2010 年担任万科金域榕郡分组组长，成功带领团队成为榕郡销售业绩最高，客户满意度最高分得销售组。

2011 年成功进入写字楼项目，带领团队 4 个月内突破销售业绩 2.1 亿。成为福建市场唯一全盘操作商务办公项目的团队领头羊。

2012 年成为万科福州闽江北 CBD 项目销售经理。

★ 2011年度最佳销售/何宗源

何宗源个人简介：

房地产从业经验：2 年

2010 年底加入福建中原，从销售部基层做起，积极为所服务的万科金域榕郡项目业绩努力做贡献；

2011 年晋升为销售副经理，协助案场经理管理万科金域榕郡项目。

2012 年晋升为销售经理，负责阳光城新界项目。该项目在 2012 年前 4 月稳居福州市（五区）月度销售前三甲。

曾获得：

万科金域榕郡项目 5 次月度销售冠军；

万科金域榕郡项目 2011 年度销售冠军 ；

深圳中原福建分公司 2011 年度最佳销售。

昆明中原房地产经纪有限公司

一、公司简介

昆明中原房地产经纪有限公司于 2004 年踏足云南市场，2009 年独立注册为昆明中原房地产经纪有限公司，隶属于中原集团。依托集团强大的资源与信息平台，秉承深、港两地前沿的房地产营销理念及丰富的营销经验，结合昆明中原"中原化，本土化"的管理优势，迅速抢占市场，并于 2010 年起独占代理行业鳌头。

凭借优质灵活的销售服务与专业严谨的策划研判，昆明中原在业内被广泛认可，成为云南房地产代理行业的领军企业，目前签约项目 80 余个，在售项目近 30 个，揽括"万科金域缇香"、"万科云上城"、"保利宁湖壹号"、"红星国际广场""广电兰亭上锦"、"启鸿假日城市"、"螺蛳湾中心"、"御景新城"等优秀品牌开发商项目；昆明中原一直专注于提升服务质量，并致力打造专业服务高端客户的团队，目前代理销售"云南华侨城"、"太阳山"高端住宅项目，凭借多元化的服务与多家品牌发展商达成战略共识，成为战略合作伙伴。

2012 年，昆明中原进入全面发展阶段，先后成立昆明中原三级市场住宅部，昆明中原大理事业部、昆明中原市场研究部，前期顾问部，全面提供房地产各领域信息以及资讯服务。

昆明中原实行"任人唯贤、能者居之"的用人理念，关注每个员工的成长，给予员工充分的自主空间，发挥个体创造性和能动性，通过举办定期的专业培训，以及"营销下午茶"等跨专业交流，迅速提升员工的专业技能，"诚信、团队、效率、创意"是昆明中原秉承的团队价值观，昆明中原连续 2 年获得中原集团内地子公司"敬业度与满意度"调查第 1 名！

二、主要部门介绍

1. 拓展部

拓展部作为公司的业务运作的龙头部门，以战略布局角度，负责项目开始之初的全面接洽，展现公司专业形象，统筹公司资源，协助营业部门获取项目，全面负责商务谈判，并在项目运营阶段与发展商进行良好沟通。拓展部是与未合作发展商沟通及资料往来的唯一端口，未签合同前，所有项目专业工作对接执行指令由拓展部进行统一安排。

2. 资源中心

昆明中原资源中心由市场研究部、前期顾问部、策略中心、销售中心构成。

市场研究部出品精准有效及时的市场研究报告，提供全方位的最及时的市场监测，准确把握市场脉博，为各项目提供决策依据，整合公司内部资源形成最专业的知识沉淀，打造中原内部坚实的中台作用。同时还建立有自己的数据库系统，数据均来自市场一手数据收集整理，包括客户数据库、楼盘数据库、土地交易数据库、房地产供求数据库、政策法规库等，并共享中原（中国）研究信息数据库系统，该系统是整个中原的信息数据库系统，可以达到整个大陆中原多家分行信息资源共享的功能。并协助拓展部做好市场动态的搜集整理，为拓盘做好坚实的后盾。提供收费的周月报常规数据服务、发展商城市进入战略研究、市场调研分项专题报告等专业服务。

前期顾问部以未来销售市场为导向，联合事业部针对项目提供前期服务，包括从土地价值分析、可行性研究、物业发展建议、设计任务书、经济测算、产品规划调整等前期服务，具有丰富经验，操盘项目覆盖综合体、旅游地产、文化地产、集中商业、写字楼、高端别墅等全方位类型。经过多年的合作，已经形成与事业部联合操作的规范体系，使得项目操作从前期到销售的融会贯通，为发展商提供真正的具有延续性的一体化服务。

3. 二级市场事业部

昆明公司的事业部融合了强大的策划及销售执行于一体，以营销代理一手项目为主营业务，依托中原集团 34 年专业地产代理经验，凭借强大的策略研究能力、超强的前瞻性及丰富的操盘经验，为昆明各区域多个项目提供了全程的营销服务，在短时间内迅速超越对手实现市场占有率，并且我们以专业卓越的行业精神成功地为众多发展商解决项目营销难题，实现前期资金链滚动开发的目标，最大化挖掘项目价值，实现高溢价。

大理事业部业务范围：营销策略及项目销售等一系列专业服务，昆明中原大理事业部立足大理州府，积极开拓大理业务，并建立了专业服务团队。

昆明中原目前的事业部操盘核心管理团队为原深圳事业六部、万科事业部、其他分公司优秀成员，操盘经验均 7 年以上，操作项目类型丰富，操作过如万科天琴湾、华侨城天麓顶级楼盘，超高层万科金域蓝湾，中心区最高端服务式公寓葵花公寓，深南大道最具个性复式写字楼，郊区精品楼盘万科金域东郡，大盘南昌万达华府等楼盘，在项目前期及营销代理方面均取得不菲战绩；经历过深圳 2007 — 2008 年市场动荡变化，对危机市场处理能力突出，市场反映速度快，并有相关经验进行应对；深圳中原工作模式，专业职业素养。一线城市营销方式与本土化结合，落地本土 8 年，累计操作 80 余个不同类型项目，树立行业服务标准，展现中原 34 年营销经验沉淀成果。

4. 三级市场住宅部

在目前昆明二手房市场极其不规范，鱼龙混杂的三级市场行业现状之下，昆明中原地产将秉承深圳中原的优良传统，秉承“公平公正、不吃差价、规范交易”的原则，依靠强大的后台服务系统，规范交易流程，流程化专业服务体系，保障客户交易风险；在中原强大的咨询平台下，公开所有资讯，使客户清晰了解市场资讯及走势，达到买卖双方共赢的结果；再以中原最为强大的成盘能力，使得客户与优质盘源配对成功。昆明中原地产三级市场通过规范的操作手法，专业的职业素养将为昆明三级市场的行业规范做出表率作用，营业 2 个月即达到片区铺均第 1 名，昆明中原三级市场将在 2012 年内开铺达 5 ~ 10 间，3 年内目标发展达到 100 间，全面覆盖昆明各区域。

三、昆明中原长期友好合作伙伴

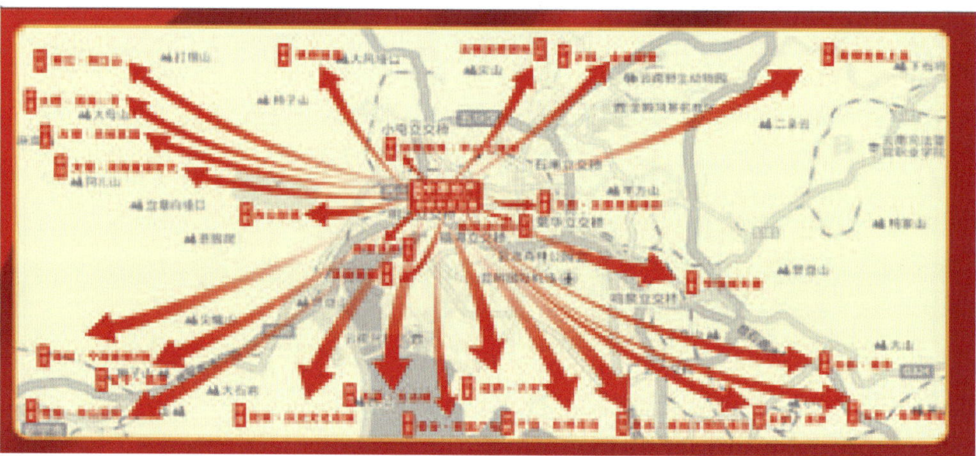

昆明中原累计在服务项目 80 余个

四、昆明中原发展历程

业绩持续快速增长

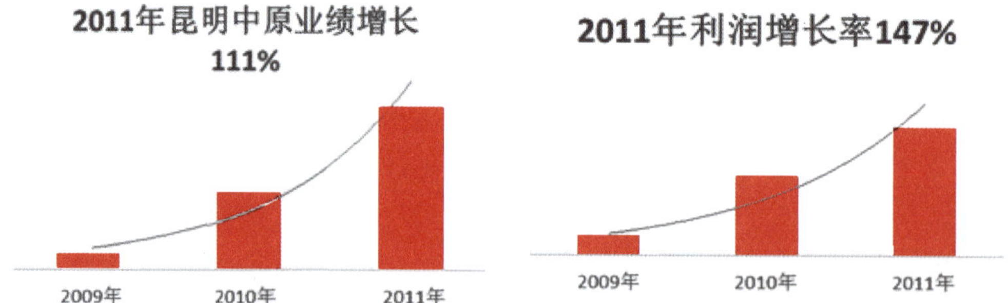

行业规模稳步向前

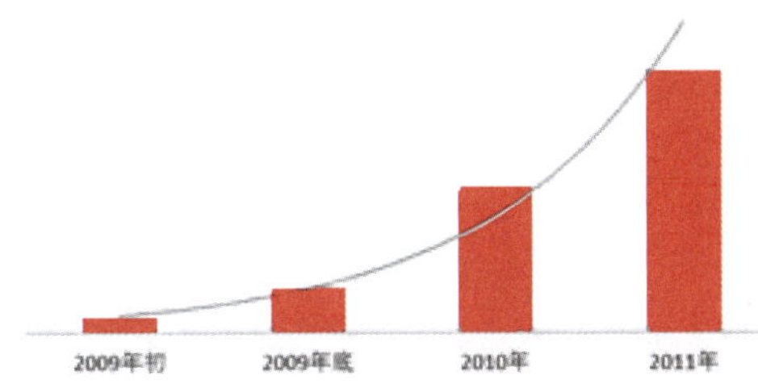

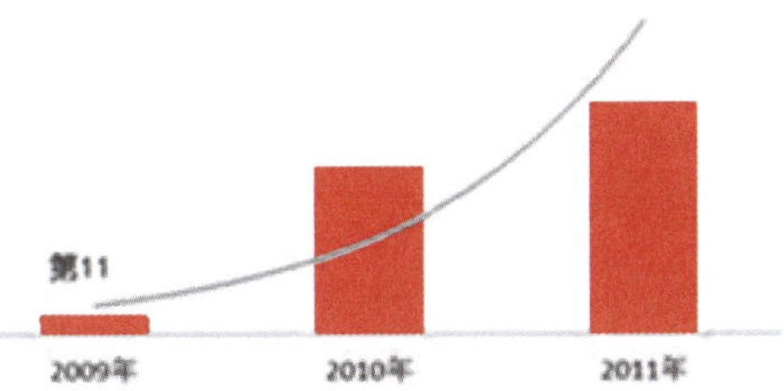

昆明中原 2012 年办公面积达到 1000m²

昆明中原一手代理市场占有率从 2009 年的第 11 位跃至 2011 年的第 1 位

五、昆明中原荣誉（2011—2012 年上半年）

天森金海国际项目荣获发展商表扬函；

龙泉上苑项目荣获发展商表扬函；

万科金域缇香项目荣获发展商表扬函；

昆明中原 2011 年度全部开盘项目开盘销售率均为 80% 以上

2011、2012 连续两年中原集团内地业务员工敬业度调查评比第 1 名

2011 年度华南区最佳新锐奖；

2011 年度华南区最佳潜力奖；

2011 昆明房地产最具影响力营销代理第 1 名

2012 年三级市场华都分行开业 3 个月内取得片区铺均第 1 名

六、昆明中原年度大事记（2011–2012 年上半年）

2012 年 2 月 20 日 昆明中原 2012 年年会主题为“一同前行一起绽放”

2012 年 2 月 20 日 昆明中原 2012 年年会主题为“一同前行一起绽放”

昆明中原资源中心诗歌朗诵“一同前行一起绽放”

2012 年 7 月昆明中原核心员工离岸会议

2012 年 5 月 11 日昆明三级市场住宅部开业

2012 年 7 月昆明三级市场员工表彰大会